não se trata de dinheiro

Título original: *It1s Not About the Money*

Não se trata de dinheiro
1ª edição: Fevereiro 2025

Autor:
Bob Proctor

Tradução:
Edmilson Ribeiro

Preparação de texto:
Jacob Paes

Revisão:
Gabriel Silva
Gabrielle Carvalho

Projeto gráfico:
Luisa Tavares

Capa:
Dimitry Uziel

Impressão:
Plena Print

DADOS INTERNACIONAIS DE CATALOGAÇÃO NA PUBLICAÇÃO (CIP)

Proctor, Bob
Não se trata de dinheiro : trata-se de viver com propósito / Bob Proctor ; tradução de Edmilson Ribeiro. — Porto Alegre : Citadel, 2025.
240 p.

ISBN 978-65-5047-583-3
Título original: It's Not About the Money

1. Finanças pessoais I. Título II. Ribeiro, Edmilson

25-0149 CDD - 332.024

Angélica Ilacqua - Bibliotecária - CRB-8/7057

Produção editorial e distribuição:

CITADEL
Grupo Editorial

contato@citadel.com.br
www.citadel.com.br

BOB PROCTOR

PROTAGONISTA DO DOCUMENTÁRIO **O SEGREDO**

não se trata de dinheiro

trata-se de viver com propósito

Tradução:
Edmilson Ribeiro

CITADEL
Grupo Editorial
2025

Este livro é dedicado a

Gina Hayden

Gina tem sido uma trabalhadora incansável, que está comigo há quase 25 anos. Ela tem me apoiado em todos os projetos em que estive envolvido em todo o mundo. A nossa empresa nunca teria conquistado o que temos sem ela. Todos na LifeSuccess Productions e na Bob Proctor Seminars a amam e a estimam.

Obrigado, Gina.

SUMÁRIO

Agradecimentos

Acredito firmemente que qualquer pessoa que já tenha alcançado algo de grande importância não o fez sozinha – ela foi apoiada por uma equipe incrível.

Eu tenho sido muito afortunado em minha vida por ter atraído um quadro fenomenal de mentores. Dedico agradecimentos especiais aos meus primeiros mentores, Raymond Stanford, Val Van De Wall, Dr. Harry Roder e Bill Gove, que me ensinaram tanto sobre mim mesmo quanto sobre negócios. E aos meus mentores, Earl Nightingale e Lloyd Conant, muito obrigado pela maravilhosa educação que recebi sobre a nossa indústria nos cinco anos que passei com a corporação Nightingale-Conant.

Aos meus parceiros de negócios que lidam com as operações do dia a dia de nossas várias empresas – agradeço em especial a:

Paul Martinelli, Cheryl Fisher e equipe, que trabalham e treinam nossos consultores e licenciados da LifeSuccess para ensinar efetivamente nossos materiais em todo o mundo.

Carol e Dan Gates, que, com a ajuda de Barb Duthie e Margaret Merrill, desenvolveram nosso programa de coaching de um ano, globalmente em operação – ensinando os indivíduos a serem mais, fazerem mais e terem mais.

Gerry Robert, meu filho Raymond e a dedicada equipe deles, que dirigem nossa divisão editorial, mostrando aos empreendedores os benefícios de usar um livro como ferramenta de marketing.

Sandy Gallagher-Alford e equipe, que lideram a nossa divisão corporativa no trabalho de ajudar pequenas empresas e corporações a desenvolver seu recurso mais precioso – seu pessoal.

Tiffany Baron, Amzi Marsh e funcionários, pelo seu trabalho na Chairman's Club – uma empresa cujo foco é ajudar as pessoas a criar mais riqueza em suas vidas, por meio da criação de múltiplas fontes de renda e *joint ventures* em todo o mundo.

A equipe do LifeSuccess Perfect Weight – uma divisão da nossa empresa dedicada a saúde e bem-estar.

Kim Klein, Darron Yancy e sua fenomenal equipe na contabilidade, por manterem tudo em ordem. Deus sabe que não é fácil comigo no comando! Deb White e a equipe de vendas, pelo incrível trabalho que fazem em conscientizar as pessoas sobre nossos produtos e serviços. Jim Pallister e equipe, por nos manterem atualizados com o mundo em constante mudança da internet!

Mark Low – você é um dos melhores vendedores com quem eu já me deparei.

Renate van Dijken e Joost Oolders na LifeSuccess Youth, que construíram um ambiente on-line seguro onde nossos materiais são disponibilizados GRATUITAMENTE para jovens em todo o mundo.

Meu filho Brian, que veio até mim há vários anos com a ideia de enviar uma citação motivacional todos os dias e que construiu o Insight of the Day, oferecendo motivação, inspiração e educação a partir de uma variedade de citações, histórias e programas de desenvolvimento pessoal comercializados pela internet.

Mark Meyerdirk, Gina Hayden e Pixie Low, que cuidam do dia a dia da nossa holding, a LifeSuccess Productions, e que garantem que eu esteja onde deveria estar.

Obrigado a Rhonda Byrne, autora de *O segredo*, por me convidar a participar de um projeto excepcional e pelo papel que desempenhou na indústria do desenvolvimento pessoal.

Obrigado aos meus bons amigos por me permitirem liderar e aprender com vocês – John Assaraf, Michael e Rickie Beckwith, Jack Canfield, Mark Victor Hansen, Shirley Hunt, Vic Johnson, Cynthia Kersey, Mary Morrissey, Murray Smith, Jane Willhite e Doug Wead.

Ao meu editor, Sanjay Burman, e a todos que ajudaram na produção deste livro – Dee Burks, Jack Steiner, John Manikaros e Murray Scott –, meus sinceros agradecimentos a vocês.

E, finalmente, à minha esposa, Linda, cuja personalidade feliz e coração amoroso têm enriquecido minha vida de tantas maneiras que eu jamais poderia ter imaginado.

Prefácio

Internalize as ideias neste livro e as aplique sabiamente. Se fizer isso, você pode obter tudo o que quer em sua vida. Essas ideias são poderosas a esse ponto. Você tem uma mina de ouro em potencial bem aqui nestas páginas. A chave é a aplicação sábia.

Quando me sentei para escrever isso, de repente percebi o que eu estava prestes a fazer. Eu ia lhe apresentar algumas das informações mais transformadoras que você encontraria em qualquer lugar. Então também me ocorreu que você havia atraído isso. Era para você ter este livro em suas mãos. Mas não foi o livro que você atraiu. Foi a informação que está no interior dele. Tudo entra em sua vida por lei. Portanto, não abra este livro e passe as páginas rapidamente para, em seguida, deixá-lo de lado. Em vez disso, tome agora a decisão de estudar cada página. Você pode passar uma hora em uma página e pode fazer isso com frequência, é o que eu faço. Pegue a informação que está estudando e relacione-a com a maneira como você está vivendo e com o que está fazendo, dessa forma você verá onde mudanças em seu comportamento irão melhorar toda a sua vida.

Internalize as pérolas de sabedoria que estão aqui nestas linhas esperando por você. Aja de acordo com elas e aproveite os benefícios que o autor promete que você irá receber enquanto passa de uma ideia magnífica para a próxima. Quando guardar este livro, após tê-lo estudado detalhadamente, você terá iniciado o processo de se tornar um indivíduo mais livre e dinâmico, expressando o poder que está e sempre esteve no centro do seu ser. Entenda, o seu sistema de crenças irá mudar. Você terá uma compreensão mais profunda e significativa de quem é, de como sua mente funciona e de como continuar se movendo para um nível cada vez mais alto de consciência.

Agora, antes de continuar a apresentá-lo às informações deste livro, quero voltar e deixá-lo pensar de onde essas informações vieram. O próprio autor passou por uma mudança de vida dramática quando tinha 26 anos de idade. A mudança nos resultados alcançados por ele foi tão notável que ele não pôde se contentar com as tremendas recompensas que estava recebendo. Ele queria saber o porquê. Por que ele? O que aconteceu? Como isso aconteceu? E isso o colocou em uma jornada que dura até hoje. No processo, há 48 anos de intensa pesquisa analisando por que fazemos o que fazemos e por que não fazemos muitas das coisas que realmente queremos fazer. Os mentores de Bob Proctor foram algumas das pessoas mais sábias que viveram nos últimos quinhentos anos. Como um cientista, ele estudou a vida delas, analisando de modo meticuloso suas grandes ideias e fazendo exatamente o que elas sugeriram.

Suponho que se houvesse uma maneira de determinarmos quantos anos de estudo intenso foram dedicados ao desenvolvimento das informações que você tem em mãos, a fórmula teria que levar em consideração todos os autores que Bob Proctor estudou e os autores que, por sua vez, eles estudaram. Se elevássemos ao quadrado os 48 anos de intenso estudo de Bob Proctor, poderíamos chegar perto, mas ainda assim é provável que ficaríamos aquém. No entanto, para você, o mais importante é entender que todas essas informações que está prestes a descobrir foram testadas vez após vez, e elas resistiram ao teste do tempo. Elas ajudaram o autor a ganhar milhões, e ele, por sua vez, ajudou outros a ganhar muitos milhões a mais. Você tem uma mina de ouro em potencial bem aqui nestas páginas, mas deve colocá-la em prática. E, para realmente tirar proveito dela, você terá que compartilhá-la com todos que estão suficientemente abertos a receber essas informações.

Veja, eu sei que o que estou lhe dizendo é real porque, depois de décadas de desenvolvimento intelectual enquanto obtinha meu diploma de Direito, praticava direito societário e juntava aquisições e outras transações para meus clientes, descobri essas ideias e, em seguida, as várias peças do quebra-cabeça da minha vida de repente se encaixaram. A minha descoberta ocorreu em agosto de 2006, quando tive a sorte de participar de um dos seminários de Bob Proctor em Vancouver, Washington, nos Estados Unidos. Esse evento mudou o curso da minha vida. Eu sabia que daquele dia em diante eu passaria o resto dos meus dias encontrando maneiras de compartilhar as ideias poderosas que Bob ensina.

Só depois de descobrir essas ideias é que eu fui capaz de entender por que eu havia alcançado os muitos sucessos em minha vida. Estudar esse material me ajudou a entender que *tudo o que acontece do lado de fora é originado primeiro no interior*. Desde tenra idade, eu vinha acompanhando o que Bob Proctor estava ensinando. Eu vivia em harmonia com as leis do universo em relação aos meus próprios objetivos pessoais, mas se alguém me perguntasse por que eu estava indo bem, eu não era capaz de responder. Agora sou capaz de mostrar aos outros como aproveitar a vida na mesma medida em que estou aproveitando agora, e que há muitos anos aproveito, e eu amo essa ideia. O que eu desejo é que essas ideias que Bob Proctor compartilha neste livro façam por você o que elas fizeram por mim.

Quero deixá-lo com o conselho que costuma ser atribuído a Ralph Waldo Emerson, um pensamento que acho que é literalmente correto, e, conforme internalizar este livro, você também achará. Ele disse:

> *O que está diante de você e o que está atrás de você são questões minúsculas comparado ao que está dentro de você.*

Sandy Gallagher
Graduada em Ciências Humanas e Direito
CEO da LifeSuccess Group of Companies
Bellevue, Washington

Introdução

Não se trata de dinheiro *pode mostrar a qualquer um, desde que tenha o desejo de aprender, como transformar praticamente todos os aspectos de sua vida.*

O best-seller *Você nasceu rico*, de Bob Proctor, inspirou indivíduos em todo o mundo a viver e ter condições de sustentar a vida que realmente desejam. Agora, com *Não se trata de dinheiro*, uma nova abordagem durante uma mudança econômica crítica está disponível para os leitores que tentam trazer nova ordem e equilíbrio à própria vida.

Eu acredito que uma razão para a popularidade da abordagem de Bob é que ele fala do verdadeiro potencial que está dentro de todos nós. Ele toca o leitor de uma maneira profunda e pessoal, bem como universal. Eu gostaria de usar a minha própria experiência nesta introdução, a fim de mostrar como qualquer um pode acrescentar uma nova dimensão de sentido e prosperidade à própria vida, seguindo os ensinamentos dele.

Você está prestes a embarcar em uma experiência que mudará para sempre a maneira como pensa sobre dinheiro. O segredo para a criação de riqueza será revelado a você em *Não se trata de dinheiro*.

O homem por trás do livro

O que você está prestes a ler é a síntese dos mais de quarenta anos de experiência de Bob Proctor como professor, mentor e palestrante sobre os temas do dinheiro e da mente. Ele estudou com alguns dos maiores pioneiros do autodesenvolvimento, e agora temos o privilégio de aprender com o conhecimento que ele acumulou e aplicou ao longo de décadas.

É importante levar em consideração o histórico de Proctor. Ele foi criado na pobreza, não teve educação formal, foi rejeitado em emprego após emprego e não tinha experiência significativa no ambiente dos negócios. Todas as probabilidades de sucesso estavam contra ele. No entanto, quando você olha para o que ele realizou nos últimos quarenta anos, fica assombrado. A maioria das pessoas diria que é impressionante; ainda assim, eu posso atestar por experiência própria que Bob Proctor não pensa em suas realizações como sendo impressionantes. Ele genuinamente acredita que qualquer um pode fazer o que ele fez. Como resultado de sua formação e experiência de vida, Bob Proctor tem sido capaz de quebrar os mitos sobre o dinheiro responsáveis por manter a maioria da população mundial em suas amarras financeiras.

Eu, por outro lado, havia seguido um caminho muito ortodoxo. Concluí o ensino médio; obtive um diploma de bacharel na faculdade; em seguida, tornei-me engenheiro eletricista, assumindo um cargo em uma grande corporação. No entanto, apesar de ter esse emprego formal por vários anos, eu estava infeliz, entediado e mal conseguia pagar as contas. Naquela época, passei a acreditar na ideia de que, se eu apenas trabalhasse mais, dedicasse mais horas e conseguisse outro emprego, ganharia muito dinheiro. Em vez disso, acabei esgotado, infeliz e sem tempo no meu dia para desfrutar de qualquer coisa fora do trabalho.

Foi nesse ponto da minha vida que fui apresentado a Bob Proctor. Quando comecei a estudar seu material, comecei a perceber que eu tinha algumas crenças errôneas sobre dinheiro, em especial quanto a ganhar dinheiro. A minha vida começou a mudar de verdade quando percebi que, independentemente do histórico ou da experiência de uma pessoa, ganhar uma quantia substancial de dinheiro começa com a construção de uma imagem na mente. Como a cadeira em que você está sentado ou a sala em que você está de pé, ambos se originaram como uma ideia, ou pensamento, na mente de alguém.

Hoje, tenho uma visão totalmente diferente do dinheiro. Deixei de trabalhar em um minúsculo cubículo para administrar uma corporação global ao lado de Bob Proctor, chamada Chairman's Club, uma empresa projetada para mostrar a pessoas de todo o mundo como acumular grandes fortunas criando múltiplas fontes de renda.

Os ensinamentos de Bob Proctor literalmente fizeram com que toda a minha vida mudasse de maneira drástica, e à medida que você começa a ler *Não se trata de dinheiro*, a sua vida também começará a mudar.

O que é o dinheiro?

Ao ler este livro, saiba que sua consciência irá começar a mudar e você vai chegar à verdade de que o dinheiro é uma ideia. O dinheiro é um grande servo, mas um terrível senhor. O dinheiro oferece apenas dois propósitos, que são prover conforto e permitir que você forneça um serviço muito além de sua presença física.

A sua capacidade de ganhar dinheiro irá crescer conforme cresce a sua consciência. Bob Proctor constantemente pergunta às pessoas qual é a maior quantidade de dinheiro que elas já ganharam em um ano. Ele faz isso não para saber quanto ganharam, mas para ver onde está o nível de consciência delas em relação a ganhar dinheiro. Se você soubesse como ganhar em um mês aquilo que atualmente leva um ano para conseguir, com pouco ou nenhum esforço a mais, você faria isso? Sim, é claro!

Desfrute do livro

A melhor forma de utilizar este livro é fazer dele um estudo. Lembro-me de ver Bob Proctor pegando um livro enquanto estava no palco em um de seus seminários. A capa não parava de cair, as páginas estavam amareladas e em má condição, as seções eram destacadas ou sublinhadas e as notas escritas à mão eram visíveis em todo o livro. Bob então declarou que ele estava lendo continuamente o livro que tinha em mãos havia mais de quarenta anos.

Eu acredito que *Não se trata de dinheiro* é um livro que devemos ler repetidamente, ano após ano. Permita-se envolver em nível emocional com as ideias que você lê. Pense em maneiras de colocar em ação tudo o que aprender. Por fim, sente-se, relaxe e esteja preparado para desistir de todas as ideias preconcebidas que tem sobre dinheiro. Deixe-se guiar pela sabedoria e pelos princípios compartilhados neste livro, pois ele o levará a tudo o que você realmente deseja.

Tiffany Baron
Graduada em Engenharia
Presidente da Chairman's Club
Phoenix, Arizona

Capítulo 1

O dinheiro não é o objetivo

Há um livro que é muito importante para mim, um que eu tenho lido repetidamente, desde que o peguei pela primeira vez em 1961. É *Quem pensa enriquece*, de Napoleon Hill, um dos livros que foram realmente inovadores na minha área de atuação.

É um livro absolutamente inspirador, e Hill é um grande pensador, que teve profundo efeito em minha vida. Mas sabe qual é a coisa mais importante sobre esse livro? Hill se aprofunda em todos os tipos de tópicos, histórias, exemplos e exercícios – *só que ele não fala de fato sobre dinheiro.*

Isso pode parecer estranho para um livro sobre "como enriquecer". Mas eis aqui outro: *You Too Can Be Prosperous* (Você também pode ser próspero), de Robert Russell. Outro grande autor, e, novamente, o livro não tem muito a ver com dinheiro.

Espero que você esteja entendendo a mensagem aqui: uma das chaves para gerar riqueza para si mesmo é entender que o dinheiro não é o objetivo. Permitam-me repetir isso, para enfatizar: *o dinheiro não é o objetivo.*

O que esses autores entenderam é que gerar riqueza tem muito pouco a ver com ter o foco no dinheiro. Na verdade, está relacionado à sua mente, à sua atitude e à maneira como você pensa.

Parece tão simples, mas a maioria das pessoas realmente não entende, mesmo que seja claro como água. Pense nisso: quando você pensa em viver uma vida rica, o que vem à mente? Uma casa em uma ilha tropical? O seu próprio avião? Fazer o que quiser, quando quiser? Tudo isso, talvez – e muito mais?

Esse é o meu palpite. E aposto que estou certo. Mas você imaginou pilhas de dinheiro ou um saldo de sete, oito, nove dígitos em contas bancárias? Acho que não. Pense assim: o *Dicionário Webster* define riqueza como "um suprimento abundante". Não diz um suprimento abundante *de dinheiro*, não é?

O dinheiro só tem valor porque acreditamos que ele tem. É só uma impressão em um papel que, na verdade, não vale muita coisa. Então, quando alguém me diz que quer ganhar muito dinheiro, o que ouço é que ele quer as coisas pelas quais o dinheiro pode ser trocado: os carros, as ilhas, os aviões. Mas, acima de tudo, ele está buscando o luxo definitivo: a liberdade de tempo para desfrutar dessas coisas.

Então, quando eu digo que o dinheiro não é o verdadeiro objetivo, isso é precisamente o que quero dizer. O objetivo não é simplesmente acumular riqueza, e sim uma jornada contínua de crescimento, tanto pessoal quanto financeiro. Esse pode ser um conceito difícil de entender para muitos de nós. Afinal, fomos ensinados toda a nossa vida que o objetivo de ganhar dinheiro é acumular o máximo que pudermos.

Mas isso é observar a situação do ângulo errado. Tenho certeza de que você já ouviu a frase "dinheiro não traz felicidade". Bem, essa declaração está próxima de ser a mais absurda que eu já ouvi. Isso é como dizer que você não pode andar pela cidade em uma geladeira. A afirmação é igualmente ridícula. É claro que o dinheiro não pode lhe comprar felicidade – mas o que ele pode fazer é deixá-lo confortável o suficiente para que você não precise mais pensar sobre isso.

O dinheiro nos consome se não o tivermos. O preço da maioria dos produtos e serviços está aumentando continuamente e eu não dou a mínima. Por que eu deveria me preocupar com algo sobre o qual não tenho absolutamente nenhum controle? Mas se eu não tivesse dinheiro, com certeza estaria pensando nisso.

Ele consome nosso tempo e nossa energia. Ele reduz nossos infinitos poderes mentais e criativos a uma máquina de preocupações. É por isso que você precisa sair desse ciclo e parar de dar desculpas. É por isso que você precisa perceber que o dinheiro não é o objetivo.

Quando penso em pessoas que alcançaram um grande sucesso, não vejo pessoas que perseguem dinheiro. Vejo pessoas que entendem a mente. Elas não pensam em ganhar dinheiro. Estão focadas no que estão fazendo.

É aqui que você tem que entender que o caminho rumo à riqueza é um jogo mental que você precisa jogar consigo mesmo. "Dinheiro não traz felicidade?" Essa é uma declaração defensiva que aprendemos a fazer para justificar a nós mesmos por que não o temos! Sendo sincero consigo mesmo, você sabe que quer mudar isso. Este livro ajudará a demonstrar a você como chegar lá.

As pessoas ricas já entendem que a questão não é o dinheiro. Elas sabem que ele não é um objetivo em si. É por isso que você as vê usando o dinheiro como uma mercadoria de troca em vez de juntá-lo.

Muitos de nós temos dificuldade em entender isso. Mas é fácil perceber o porquê. Toda a nossa vida, fomos programados para pensar que o dinheiro é o objetivo final. É também por isso que, quando ele não vem facilmente, entramos na defensiva e damos desculpas para nós mesmos.

Uma das maneiras mais fáceis de mostrar como o dinheiro realmente funciona é pensar nele como se fosse água. Uma gota por si só não é nada. É minúscula, impotente. Pense nele como um único dólar, se quiser. Não há muito a se fazer com essa quantia.

No entanto, à medida que as gotas se acumulam, elas ganham massa e impulso. Elas fluem em pequenos riachos e depois em rios, criando uma torrente abundante. Essa abundância tem movido montanhas e esculpido vastos cânions. Ela literalmente tem moldado todo o nosso planeta – mas desde que esteja em movimento. Se parar e se acumular, se não houver fluxo para dentro e para fora, ela fica estagnada e começa a evaporar. Isso se aplica ao dinheiro.

Muitas pessoas pensam que você precisa ter uma grande quantidade de dinheiro para realizar qualquer coisa de valor. Isso simplesmente não é verdade. Assim como a água, até mesmo pequenas somas de dinheiro, aplicadas da maneira correta, podem ser traiçoeiramente poderosas. Uma pequena quantidade de água correndo em uma torrente montanha abaixo pode derrubar você! O segredo não está na quantidade, mas no movimento.

O dinheiro funciona exatamente da mesma maneira. À medida que pequenas quantias são investidas em oportunidades que produzem fluxo de caixa, elas se juntam para formar um rio, que fornece um fluxo constante de riqueza. Aqueles que conhecem essa *lei da circulação* sabem que elas são um canal para o dinheiro fluir, não um ponto de parada.

A diferença entre eles e você

Quando uma pessoa comum olha para os muito ricos – milionários, ou mesmo bilionários –, pressupõe que há algo único ou especial a respeito deles, que eles são mais inteligentes e experientes do que as "pessoas normais". Essa pressuposição é verdadeira e falsa.

Eles são ricos porque internalizaram por completo a mentalidade da riqueza, e isso nunca pode ser tirado deles. Se perdessem tudo e falissem, eles se reergueriam e se tornariam ricos novamente, porque passaram a entender como o dinheiro funciona. Essa compreensão está impressa no subconsciente – assim como a informação errada é impressa no subconsciente da maioria das outras pessoas. Essa é uma ideia de que trataremos em breve.

No entanto, além dessa diferença fundamental, os ricos são como todos os outros. Eles vivem, trabalham, riem, amam, têm altos e baixos, assim como você. Eles têm exatamente o mesmo número de horas no dia que todo mundo tem; mas fazem coisas bastante surpreendentes com o seu tempo, enquanto a maioria de nós faz muito pouco.

Então, tem diferença? Não muita. E, no entanto, *tem total diferença* – como você pensa, o que você sente e no que você acredita em relação ao dinheiro.

Todos nós conhecemos o clichê "ver para crer". Estou lhe dizendo agora que essa é uma visão muito cética e negativa das oportunidades abundantes e ilimitadas que a vida tem a lhe oferecer. Ela diz que você só pode confiar no que está na frente do seu nariz e faz pouco caso dos poderes significativos – até ilimitados – de sua imaginação, sua intuição e seu eu criativo.

No entanto, ouvimos isso a vida toda repetidamente. Esse clichê se torna parte do nosso processo de raciocínio e nem sequer sabemos disso. As pessoas ricas entendem que esse ditado está de trás para frente – antes de ver o que quer, você tem que internalizá-lo. Você deve acreditar no que pode alcançar – só então verá isso acontecer. Em outras palavras, as pessoas ricas seguem o credo de "crer para ver". Neste momento, a única coisa que torna você diferente de um bilionário é uma mentalidade rica. E a pedra angular dessa mentalidade é a *crença*.

Dizem que as pessoas ricas atraem riqueza. Sabemos que isso é verdade. Como elas conseguem? Esperando por isso. Na mente delas, nenhuma dúvida obscurece um objetivo, nada faz com que elas parem ou hesitem. Elas não se preocupam com o fracasso porque, em sua mente, tudo o que podem ver é o sucesso.

Anteriormente, mencionei *Quem pensa enriquece* de Napoleon Hill. Eu ainda levo uma cópia comigo para todos os lugares que vou e leio pelo menos um trecho todos os dias. Hill entrevistou centenas de pessoas bem-sucedidas e ricas e descobriu que, embora cada uma delas tivesse se tornado bem-sucedida de uma maneira diferente, todas tinham uma certa mentalidade em comum. Como elas esperavam o sucesso, elas atraíam oportunidades que outros não atraíam. Foram capazes de ver soluções que os outros não conseguiam ver.

Isso significa que os ricos nasceram com alguma habilidade especial ou um sexto sentido? De modo algum. Significa simplesmente que eles estão mais conscientes. Ganhar essa consciência, como um amigo meu disse certa vez, é simples – só que não é fácil. Há uma razão fundamental para isso.

Tem a ver com a sua mente. A maioria de nós cresce fundamentalmente da mesma maneira: vamos à escola, aprendemos uma habilidade, conseguimos um emprego e vivemos nossa vida. Isso representa 90% da população. Eu sugeriria que essa mesma porcentagem não tem ideia de como ganhar dinheiro.

Pergunte a uma pessoa na rua se ela sabe como ganhar dinheiro, e você obterá a mesma resposta na maior parte das vezes: "Claro que sei ganhar dinheiro. Vou trabalhar todos os dias". Mas isso não é ganhar dinheiro. Isso é conseguir um emprego e ganhar a vida. Tem uma grande diferença.

Uma porcentagem muito pequena da nossa população sabe como *ganhar dinheiro*. Há uma razão para isso. Não é algo que aprendemos na escola. Somos ensinados a contar dinheiro. Fazemos balanços, gráficos e tabelas. Nós consideramos cada centavo. Você pode ter um doutorado em Economia e ainda estar falido, porque nunca aprendeu a ganhar dinheiro.

A escola nos prepara para conseguir um emprego. Ela programa nossa mente para crer que é assim que o mundo funciona. Ela nos diz que esse é o caminho seguro. Que é assim que estaremos em segurança. Os seus pais lhe disseram isso. Os seus professores lhe disseram isso. Eu tive uma professora que me disse para entrar na escola técnica e obter uma formação profissional. Desse modo, disse ela, eu estaria seguro.

Eu não dei ouvidos. Para começo de conversa, odeio esse tipo de trabalho. Além disso, eu não sou bom nele. Uma vez, quase cortei meu dedo fora com uma serra de fita, e ele dói até hoje! Por fim, a verdade é que trabalhar é uma das piores maneiras de ganhar dinheiro e uma das menos seguras.

Trabalhe duro. Seja leal. Você será recompensado. Foi o que nos disseram desde o início. Bem, a recompensa que muitos de nós recebemos é, um dia, ir trabalhar e descobrir que as fechaduras do seu armário foram trocadas e tudo o que você tem é uma pequena indenização após dezoito anos de lealdade ao serviço. Não há segurança em um trabalho. A segurança vem de dentro. E é aí que você precisa encontrá-la. Se você acredita que há segurança em um emprego e acaba sendo demitido, ficará totalmente desmoralizado, porque perdeu tudo.

Cabe a nós termos consciência de quem somos e mudar a programação. A maioria das pessoas fica presa no que está fazendo. É quase como se não quiséssemos admitir que não sabemos como ganhar dinheiro. É bastante fácil varrer para debaixo do tapete. Afinal, estamos sendo pagos, não é?

E é por isso que surgem essas histórias ridículas: "Dinheiro não traz felicidade". Isso é o que dizemos a nós mesmos quando não queremos assumir a responsabilidade por não ganhar tanto quanto gostaríamos.

O que precisamos fazer é abandonar as desculpas e abrir nossa mente. Isso acontece quando estamos conscientes de nós mesmos. Os seus resultados são uma expressão do seu nível de consciência. Imagine como sua vida mudaria se sua consciência se expandisse: as pessoas não ganham cinquenta mil dólares por ano porque querem ganhar cinquenta mil dólares por ano. Elas ganham isso porque não têm ciência de como ganhar cinquenta mil dólares *por mês*.

No entanto, podemos expandir nosso nível de consciência. Quanto mais fizermos isso, mais vamos ganhar. Os ricos já têm essa consciência. Está embutida neles. A fim de obter essa mesma consciência, você precisa entender por que os ricos a possuem e por que ela é tão fundamental para o seu sucesso.

A primeira dessas características é a disposição para ouvir a própria sabedoria interior. Se ouvir as massas o tornasse rico, então as massas seriam ricas! Mas todos sabemos que não é esse o caso.

Como seres humanos, sensíveis e espirituais por natureza, o impulso mais natural do mundo é buscar conselhos de quem está próximo a nós – os nossos entes queridos, amigos íntimos e colegas.

Também precisamos olhar para os resultados alcançados por eles antes de seguirmos seus conselhos. Seguimos seus conselhos por causa da confiança emocional que temos neles, e não no que alcançaram. Se alguém não se tornou rico, será ele realmente capaz de mostrar a você como se tornar rico? Óbvio que não.

Você precisa acreditar no que já é a verdade. Dentro de você está a capacidade de criar um caminho único para uma riqueza fabulosa. Você tem que confiar em si mesmo e, para ajudar a guiar sua jornada, procurar apenas aqueles que percorreram tal caminho.

Você também tem que estar disposto a tirar de suas costas os comentários dos críticos e pessimistas. Haverá muitos que lhe dirão que seus sonhos são irrealistas, e seus objetivos, muito inalcançáveis. E "ver para crer" leva você diretamente a uma vida baseada apenas na percepção – e para muitos de nós essa pode ser uma vida que odiamos. Faça uma promessa agora. Ouça a si mesmo primeiro. A realidade é o que você faz dela.

Os ricos têm a capacidade consistente de agir quando as oportunidades se apresentam. A maioria das pessoas pensa em oportunidade como algo que chega com grande alarde – um evento estridente e óbvio que o ataca com sua obviedade. É quase como se esperássemos que um sinal de néon gigante piscando a palavra "oportunidade" aparecesse com uma brilhante seta iluminada para apontar o caminho.

Não funciona assim. É aí que a conscientização se torna importante. Sei, por experiência própria, que a oportunidade passa por cada um de nós todos os dias. Às vezes é um sussurro que vem durante alguns dos momentos mais difíceis da vida.

Pessoas bem-sucedidas muitas vezes veem derrotas e fracassos como oportunidades... não obstáculos. Os currículos delas são muitas vezes confusos – foram demitidas, expulsas da escola. Elas muitas vezes enfrentaram tragédias pessoais significativas que afundariam o cidadão comum – talvez para sempre. Mas essas pessoas escolheram ver tais provações como desafios a serem enfrentados e oportunidades a serem aproveitadas. Como resultado, em meio à adversidade, prosperam.

Os ricos também entendem que a riqueza é um processo. Raramente acontece da noite para o dia (embora com certeza isso já tenha ocorrido). No entanto, há um perigo na riqueza repentina. Se você se tornar rico antes de desenvolver a mentalidade próspera, então corre o risco de perder essa riqueza para sempre.

Todos nós já ouvimos falar de ganhadores de loteria que acabam sem um centavo alguns anos depois. Nossa cultura está cheia de celebridades e atletas cuja súbita corrida para a fama e fortuna os leva a estilos de vida ostensivos, que os deixam pobres quando ainda têm toda uma vida pela frente.

Essas pessoas nunca foram ensinadas a pensar de maneira próspera. Por causa disso, quase não têm chance de alcançar uma riqueza duradoura, que liberte sua mente das preocupações e distrações do dinheiro de uma vez por todas.

Você se lembra que, no início, eu disse que *dinheiro não é o objetivo*? Agarre-se a esse pensamento. Ele será sempre o seu guia. Se você tem uma mentalidade rica, você faz o que ama – e ganha dinheiro fazendo isso. Ele não é o objetivo, é o resultado.

Muitas vezes encontro pessoas que estão procurando uma maneira de ficarem ricas, como se isso fosse algo que você pudesse caçar mundo afora, prender e manter. Na verdade, a riqueza existe dentro de você. Há aquilo que você ama fazer – essas são as coisas que você faria alegremente, mesmo se não estivesse sendo pago para fazê-las. Bem, adivinhe? As pessoas que criam uma grande quantidade de riqueza estão fazendo exatamente isso. O dinheiro proveniente disso é o resultado lógico de elas seguirem o próprio sonho. O dinheiro não é o sonho. Estamos todos programados para fazer alguma coisa. E precisamos encontrar uma maneira de fazer essa "coisa".

As pessoas ricas sabem que o sucesso e a responsabilidade andam de mãos dadas. Elas não dão desculpas, elas agem. Quantas vezes você já viu duas pessoas exatamente no mesmo negócio, no mesmo local, vendendo exatamente o mesmo produto – mas uma é rica e a outra enfrenta dificuldades?

As circunstâncias são as mesmas. O que uma determinada pessoa faz dessas circunstâncias depende inteiramente dela. Não existe falta de potencial. Ensinam-nos exatamente o oposto – que certas pessoas não têm uma boa memória ou que algumas são mais inteligentes do que outras. Bobagem! Todo mundo tem uma memória perfeita, e os ricos não são gênios sobre-humanos. Todo mundo pode alcançar a riqueza – é uma questão de desenvolver a habilidade. Não há como eu enfatizar isto o suficiente: *não existe essa história de falta de potencial.*

Não importa quantas vezes eu explique ou quantas vezes você leia ou ouça isso em meus áudios. A sua vida nunca mudará até que você acredite verdadeira e honestamente nisto: creia para ver. Essa é a verdade básica, e você precisa abraçá-la antes de poder ir mais longe.

Sem ela, é simplesmente impossível mudar sua mentalidade. Talvez você tenha agora uma mentalidade que seja uma barreira para alcançar a riqueza que deseja. Pense nisso por apenas um segundo. Se você for honesto consigo mesmo, as perguntas mais simples revelarão como você está programado.

Permita que eu lhe pergunte – você fica à vontade ao falar sobre dinheiro com outras pessoas? Ou isso deixa você nervoso, como se fosse algo para falar em sussurros, como se fosse um tabu? Quando fala sobre dinheiro, você dá de ombros para perguntas sobre quanto você ganha e o que pode pagar, como se elas não fossem importantes? Esses assuntos fazem você se sentir estranho e deslocado?

Você não seria o único. A maioria de nós se sente assim quando fala sobre dinheiro, porque poucos de nós estamos na posição que gostaríamos de estar em relação à nossa riqueza pessoal e à busca por ela. Mas lembre-se… creia para ver. Pense em como as pessoas ricas falam sobre dinheiro. Elas ficam totalmente à vontade com isso. Não é diferente de qualquer outro assunto de suas vidas em que elas tenham interesse, que abracem e sobre o qual conversem com entusiasmo.

Elas permitem que suas ideias sobre dinheiro fluam livremente e as compartilham com pessoas que pensam da mesma maneira. Essa troca geralmente resulta em modos de criar fontes de renda novos e diversificados, o que, por sua vez, aumenta a riqueza delas. Elas não têm vergonha de falar sobre dinheiro. Não atribuem emoção a isso. Ficam à vontade com algo que deixa a maioria de nós desconfortável.

Há uma razão muito simples para isso. Lembra-se do que dissemos no início? *Dinheiro não é o objetivo*. É uma ferramenta para alcançar nosso objetivo real de viver nossa vida de acordo com nossos sonhos e começar a compreender nosso potencial ilimitado. O sucesso financeiro não é riqueza. É uma consequência de alcançar a riqueza real. Isto é o que separa os verdadeiramente ricos do restante de nós: finanças, posição profissional e restrições de tempo não controlam o caminho deles para o sucesso. Eles creem para ver – e estão absolutamente focados nesses grandes objetivos.

Muitos de nós colocamos em nossa cabeça que ser rico irá exigir sacrifícios que não queremos fazer, como trabalhar mais e estar longe de nossa família. Mas sacrificar toda a nossa liberdade e negligenciar aqueles que são mais importantes para nós é o oposto de levar uma vida próspera, não é mesmo? Lembre-se, riqueza não significa apenas geração de dinheiro. É fazer o que você ama da maneira que você quer fazer. O objetivo de uma vida rica é criar a liberdade que coloca o poder em suas mãos – o poder de escolher a vida que você quer.

A prisão da percepção

Mas como? Ouço essa pergunta constantemente. Como posso pensar de maneira próspera quando sou paupérrimo? Como posso imaginar uma vida rica quando estou preso a um trabalho que odeio e que não tem futuro? Como posso investir meu dinheiro em oportunidades quando cada centavo que tenho é necessário para sustentar minha família?

Esses tipos de pensamento envenenam a mentalidade próspera. Eles infectam sua capacidade de acreditar e de ver aonde você precisa ir e o que precisa fazer.

Essas perguntas deixam evidente para todos que a pessoa que as faz tem um longo caminho a percorrer antes que sua própria mentalidade próspera possa ser alcançada. Essas pessoas estão trancadas em uma prisão que fizeram para si mesmas e da qual jogaram fora a chave. Elas se convenceram de que não podem alcançar os próprios sonhos. Por que diabos alguém faria uma coisa tão horrível consigo mesmo?

E, no entanto, muitos de nós fazemos exatamente isso, dia após dia. Essa prisão é um lugar lotado. Eu a chamo de *prisão da percepção*. Esses muros da prisão não são reais – eles só parecem estar no caminho.

Construímos as paredes de nossa própria cela privada com tijolos feitos de suposições e ideias acumuladas ao longo da vida. Tenho certeza de que você está familiarizado com muitas delas:

- Eu não sou inteligente o suficiente.
- Eu não tenho dinheiro suficiente.
- Eu não tenho tempo suficiente.
- Eu não me formei na faculdade.
- Eu tenho medo de falhar.
- Eu sou muito velho.
- Eu sou muito jovem.

Esses pensamentos negativos entram na mente por meio da repetição até que seu subconsciente – aquele lugar maravilhoso e espiritual onde a emoção reside e tudo é possível – esteja tão sobrecarregado com eles que eles ditam o que você realmente pensa. À medida que as coisas negativas acontecem ao longo de sua vida, elas são reforçadas e têm seu poder aumentado. É por isso que a maioria de nós está convencida de que nunca poderemos viver uma vida próspera. Em nossa mente subconsciente, estamos programados para acreditar nisso.

Muitos de nós somos cativos de nossa própria prisão, e isso está inteiramente em nossa mente. Com o tempo, à medida que construímos nosso próprio cativeiro, convencemos a nós mesmos de que esse pequeno espaço é tudo o que podemos ter e tudo o que merecemos.

Mudar essa mentalidade é difícil. Leva tempo. É necessário um trabalho sério para superar esses pressupostos. Afinal, eles são genéticos e ambientais. Remontam a muitas gerações. É por isso que nos parecemos com nossos parentes. Em nossa curta vida, desde o momento em que nascemos estávamos sendo ambientalmente condicionados.

Como eu disse antes, a norma social é ir à escola, conseguir um emprego e fazer o que pudermos para sobreviver. Os seus pais provavelmente o encorajaram a fazer isso. Os seus professores certamente o fizeram. Se essa é a sua programação, como você pode ser o culpado pela consequente prisão?

Eu me deparei com esses conceitos quase por acaso. Lembra quando eu disse que uma professora tentou me convencer a sair da escola e aprender um ofício em vez disso? Bem, eu não fiz nem uma coisa nem outra. Nunca terminei o ensino médio. Estávamos em 1959. Eu trabalhava de frentista e ganhava 2.400 dólares por ano. Tinha três domingos de folga por mês – era isso. Eu sabia que queria mais, mas não havia descoberto como conseguir. Então eu fiz o que a maioria das pessoas faz: procurei outro emprego.

Consegui entrar no corpo de bombeiros da minha comunidade local, e as coisas imediatamente melhoraram. Eu estava ganhando quatro mil dólares por ano e pensei que havia morrido e ido para o céu. Só trabalhava sete dias e sete noites por mês. Tinha todo o tempo do mundo para jogar sinuca e golfe. Incêndios eram muito raros, então eu estava contente em não fazer quase nada.

Ali estava eu com 26 anos e praticamente aposentado. Então, coloquei as mãos no livro de Napoleon Hill. Eu o li uma vez. Então eu o li de novo. Continuei lendo e relendo, de novo e de novo, até que pudesse praticamente recitá-lo palavra por palavra. E aos poucos comecei a perceber que, como eu, as pessoas ao meu redor não estavam fazendo nada – elas não estavam pensando. Elas não estavam pensando sobre onde queriam estar ou o que queriam fazer. Apenas se contentavam em fazer o que lhes era mandado quando precisavam, e mais nada o resto do tempo.

Foi como uma lâmpada se acendendo em um quarto escuro. A minha renda passou de quatro mil dólares por ano para 175 mil e, em seguida, para mais de um milhão. Eu nunca terminei o Ensino Médio e não tinha experiência em negócios. Também não me descreveria como o homem mais inteligente do mundo – é por isso que eu estudo outras pessoas.

Absolutamente tudo o que me ensinaram sobre sucesso e como conquistar riquezas me dizia que eu não poderia vencer. E, no entanto, eu estava vencendo. Foi quando percebi que a maioria das coisas que nos ensinam simplesmente não está correta. Em vez de pensar o que queremos pensar e acreditar no que queremos acreditar, deixamos que as influências externas controlem o que acontece no mundo interno – o mundo da nossa mente. Isso causa confusão e produz resultados que não queremos.

Se a maioria de nós tirasse um tempinho para pensar, perceberíamos que os conceitos que controlam nossas vidas são ridículos! Mas não tiramos, então a gente só vai seguindo em frente, e não enxergamos as paredes da cela da prisão que construímos em torno de nós mesmos.

É isso que precisamos mudar. Não é fácil. Na verdade, vai ser uma luta durante toda a sua vida. É por isso que você tem que praticar e internalizar que é preciso crer para ver. Comprometa-se com isso. Aceite isso de fato e ficará cada vez mais fácil, à medida que você se move em direção aos seus sonhos.

Há coisas que você pode fazer imediatamente para começar. Estes são os primeiros passos daquilo que se tornará um modo de vida – uma vida próspera. Estou lhe dizendo essas coisas, aqui e agora, para que você possa começar neste exato minuto a mudar sua vida. Vou explicá-las com mais detalhes à medida que avançamos, mas não há razão para que você não possa começar a aplicar essas coisas e começar sua jornada *agora*. Chega de perder tempo sem fazer nada.

Pronto?

Primeiro, você precisa acreditar *que merece* riqueza. Isso parece tão simples e, no entanto, muitas pessoas não conseguem colocar em prática. Damos muito crédito ao dinheiro, mas o fato é que ele é simplesmente uma recompensa por um serviço prestado. Se você vai ganhar muito, você precisa fornecer muito serviço. Você pode fazer isso. Fazer isso é direito seu, se você quiser, assim como é direito de qualquer outra pessoa – como aqueles milionários e bilionários sobre os quais você lê. Não é suficiente dizer que você quer riqueza – você tem que acreditar que também a merece. Caso contrário, é como dirigir com um pé no freio e outro no acelerador – o motor está ligado, mas você não sai do lugar.

Para muitas pessoas, a busca da riqueza torna-se um emaranhado de todo o tipo de emoções negativas – uma busca gananciosa e egoísta ou que pode destruir o senso de identidade de uma pessoa. Mas, como a noção de que o dinheiro não traz felicidade, esses tipos de emoções negativas em torno da riqueza são simplesmente desculpas para fazer você se sentir melhor por não a possuir.

Eis aqui a verdade: ter mais dinheiro não vai mudá-lo como pessoa. No entanto, ampliará *a pessoa que você já é*. O dinheiro tem uma notável capacidade de revelar o caráter. Se você é mesquinho e cruel, ele irá expor esses traços negativos por completo, de modo que sejam inconfundíveis e óbvios. Mas se você é um espírito generoso, alguém que é carinhoso, doador e compassivo com aqueles ao seu redor, pense no que a riqueza permitirá que você alcance!

O dinheiro nunca lhe dará certas características. É importante lembrar isso quando você se deparar com pessoas ricas que são más ou indelicadas. É fácil para nós culpar a riqueza pelas deficiências das pessoas, quando na verdade é o caráter intratável delas – ricas ou pobres – que simplesmente subiu à superfície.

Lembra-se de que eu falei sobre a mentalidade próspera? Uma parte integrante disso, na minha mente, é iniciar a sua busca por riqueza com uma generosidade de espírito e toda a curiosidade criativa que você tem. Por quê? Porque a única maneira de ganhar dinheiro é fornecer algo – um produto, um serviço, até mesmo uma ideia – que gere um valor até então não realizado para a vida de outras pessoas. Pense em como você pode enfrentar os desafios da vida cotidiana e, em seguida, encontrar para eles uma solução mais rápida, mais eficiente ou ainda mais divertida para as pessoas. Quanto maior o problema que você resolver, mais dinheiro entrará.

Historicamente, as pessoas ricas sempre tiveram múltiplas fontes de renda (MFR). Em outras palavras, elas encontraram várias maneiras de fornecer serviços. Criei uma empresa, há algum tempo, para auxiliar as pessoas nessa área. A empresa é chamada de The Chairman's Club e atrai pessoas com ideias semelhantes de todo o mundo que trabalham juntas para criar várias fontes de renda. O Chairman's Club tem um centro de comunicações globais on-line onde os vários membros se encontram e compartilham novas maneiras de criar renda. Talvez seja algo em que você gostaria de dar uma olhada. Para mais informações, acesse: https://www.proctorgallagherinstitute.com/our-story.

Na minha opinião, você não compartilha ideias com outras pessoas quando é egoísta e de mente fechada. Você faz isso, como eu disse, ao perseguir o que ama. Pense em Bill Gates. Eis um jovem no final dos anos 1970 que foi impulsionado pelo enorme potencial não realizado do chip de microcomputador. Eu diria que Bill Gates não foi movido por dinheiro, mas pelo incrível desafio que estabeleceu para si mesmo, e a incrível possibilidade de que, se ele o vencesse, poderia mudar o mundo!

Bem, foi exatamente isso que ele fez. Alguns podem dizer que ele não merece toda a riqueza da qual agora desfruta. Mas o fato é que Bill Gates iniciou uma revolução que melhorou a qualidade de vida de praticamente todas as pessoas no mundo. Independentemente de quanto dinheiro ele possa ter, isso nunca será igual à sua verdadeira contribuição para a humanidade, que foi mudada para sempre por seu espírito de inovação.

Ele é um ícone agora. Mas, há trinta anos, era alguém que abandonara a faculdade e que tinha uma boa ideia. Ele olhou ao redor de seu mundo e identificou uma maneira de melhorar a vida das pessoas. Então agiu de acordo com esse sonho e o tornou realidade. Você pode começar onde está agora e desenvolver habilidades mais valiosas, interagir com mentores ricos e se concentrar em servir as pessoas. Dessas ações virão as ideias que serão o seu caminho específico e único para a riqueza.

À medida que você criar uma consciência de prosperidade e se deparar com novas oportunidades, comece a pensar nelas com renda passiva em mente. É um conceito-chave: a renda passiva está ligada a algo que você faz uma vez e pelo qual é pago várias vezes. Pense nisso. Se tudo o que você faz é trocar seu tempo por dinheiro, a sua riqueza é limitada. Afinal, há limite para as horas de cada dia

Como você resolve esse problema? Você cria fontes de renda que não exigem sua presença e atenção constantes. Enquanto essas fontes de renda fluem a seu favor, você pode usar seu valioso tempo para caçar maneiras de criar mais.

Eu já mencionei que a crença é a pedra angular de uma mentalidade próspera. Então, como você cria essa crença de riqueza, mesmo que ela pareça muito exagerada agora? Primeiro, você tem que *se visualizar com riqueza*. Pare, sente e pense ativamente sobre os detalhes de sua vida que a riqueza irá alterar quando você alcançar seus objetivos. Anote-os: o tipo de casa em que você viverá, a cor das paredes e o estilo dos móveis, a louça em que comerá e os talheres que irá usar para servir a comida. Em sua mente, torne-os reais, não abstratos. Recorte fotos de revistas e use-as para construir sua nova casa em sua nova vida. Todos os dias passe algum tempo lá usando essas imagens para transportá-lo a ela, como se você já a possuísse.

Certas pessoas podem chamar isso de sonhar acordado. Aposto que essas pessoas não são ricas! A verdade é que a visualização permite que sua mente se apodere do possível. Ela treina a sua mente para a ideia de que sua vida está mudando e que a riqueza está ao alcance. Uma vez que você aproveita o poder da sua mente, a riqueza não está apenas ao alcance – ela é inevitável!

Algumas pessoas ficam surpresas ao saber que os ricos passam a maior parte do tempo apenas pensando em silêncio. Os funcionários podem ver seu chefe ou CEO olhando para o espaço. Podem pensar que ele ou ela não está fazendo nada. Na verdade, essa pessoa está visualizando a próxima fase de sua riqueza e seu sucesso, a próxima montanha a escalar – e, claro, está observando a si mesma chegando ao topo!

Elas sabem que a inovação e a criatividade – a próxima grande coisa que irá levar a elas e a suas empresas ao próximo nível – não são encontradas em operações diárias comuns. É por isso que elas têm funcionários. A mentalidade próspera lhes ensinou que novas ideias são a força vital da riqueza e que é essencial visualizá-las. Como você pode chegar aonde está indo se não decidiu com clareza qual é o seu destino? Quando uma pessoa rica atinge seu objetivo, ele é tudo o que ela esperava – precisamente porque, graças à visualização, *ela já esteve lá.*

Você entraria no carro e começaria a dirigir quando não tem certeza de para onde vai? Óbvio que não. Você iria olhar um mapa, traçar a sua rota e depois se colocaria a caminho. No entanto, muitas, muitas pessoas vivem a vida sem esse mapa e apenas aproveitam o que quer que cruze o seu caminho na vida. Elas trabalham em empregos que odeiam e nunca imaginam um caminho melhor. Aceitam o de sempre simplesmente porque nunca tiveram tempo para *ver além dele*.

Você deve lembrar que a visualização é um exercício muito positivo. Ela transporta os sonhos de sua mente inconsciente para um lugar onde sua mente consciente pode se conectar a eles.

Para fazer isso de forma eficaz, você tem que *banir os pensamentos negativos de sua mente*. É mais fácil falar do que fazer. O pensamento negativo é um mau hábito praticado por muitas pessoas. Elas gostam de reclamar sobre o estado da vida que levam ou da carreira que têm ou de lamentar com amigos e colegas sobre todas as várias insatisfações que possuem. Elas se convencem de que esse tipo de pensamento negativo é bom: se as expectativas forem mantidas baixas, você nunca poderá se decepcionar.

Bem, eu acho que isso é a coisa mais ridícula que já ouvi! Como alguém pode chegar ao ponto de se convencer de que era melhor não sonhar? Como é possível que alguém ache ruim querer sempre mais? Por que você desistiria de seus sonhos e objetivos antes mesmo que eles saíssem do papel?

O pensamento negativo tornou-se a regra em nossa sociedade. É aceito e muito amplamente praticado. Então você tem que fazer um esforço sério e consciente para empurrar esses pensamentos para fora de sua mente. Esteja vigilante. Proteja sua mente desses pensamentos. A única coisa que eles podem fazer é atrasar e atrapalhar você. Seja implacável quanto ao tipo de pensamentos que você permite que se apoderem de sua mente. Se você se concentrar no positivo – grandes ideias, geradas por suas melhores energias criativas positivas –, obterá ótimos resultados.

Mas atenção. Monitore seu diálogo interno de perto – especialmente em termos do que as outras pessoas lhe dizem sobre dinheiro, finanças e riqueza. Lembre-se de considerar seriamente a ideia de descartar os pensamentos delas se elas mesmas não alcançaram a riqueza.

Se receber conselhos de alguém verdadeiramente rico, abra sua mente para eles e os incorpore ao seu diálogo interno. Mesmo que não entenda o pensamento ou não concorde com ele, mantenha-o com você. Afinal, essa pessoa já percorreu o caminho que você acabou de começar. Você não iria dirigir rumo a pontos desconhecidos sem um mapa. Essas pessoas são seu mapa. Elas conhecem o caminho. Trate as palavras delas como a estrada que conduz ao sucesso.

Esteja ciente do seu foco. Se você diz que quer riqueza, mas está constantemente sob o ataque da preocupação – de como pagar as contas ou fazer o pagamento de uma hipoteca, por exemplo –, você não está atraindo riqueza para sua vida. Está envolvido em *uma mentalidade de escassez*. Preocupar-se é estabelecer metas negativas. Ao se debruçar sobre as coisas ruins que *podem* acontecer, você está dizendo à sua mente o que *vai* acontecer!

É a visualização ao contrário. Ao se preocupar com o que não tem, você não está se concentrando no que quer. Se você fizer isso, a riqueza nunca será sua. Agora, eu sei que a preocupação é uma coisa difícil de combater. Todos nós nos preocupamos até certo ponto. Então, como conseguimos essa mudança de foco?

Coloque-se nesta posição por um momento: você é uma secretária com um chefe que exige que nenhum erro seja cometido – nunca. Você talvez trabalhe sob a ameaça de que, se cometer um único erro, será demitida. Onde está o seu foco: dar o seu melhor ou fazer de tudo para não cometer um erro? Se você está obcecado com a tarefa limitada de não cometer um erro, duas coisas acontecem. Primeiro, a qualidade geral do seu trabalho sofre à medida que a paranoia sufoca sua criatividade e capacidade de pensar com clareza; e, em segundo lugar, você descobrirá que está cometendo mais erros do que cometeria de outro modo, porque *sua mente está focada em erros*.

Agora pegue essa mesma ideia e pense em quanto tempo e energia você gasta se preocupando em pagar suas contas. Você constantemente acompanha e soma as despesas? Você gasta tempo realocando ou reorganizando o que e quando pagar?

Isso resolve o problema de não ter dinheiro suficiente? Não. Isso elimina sua energia criativa e não deixa tempo ou espaço para pensar sobre o que irá corrigir o problema ou ajudá-lo. Isso só traz mais energia negativa e frustração para a sua vida. Discutiremos exatamente como isso funciona em um capítulo posterior, mas, por enquanto, é importante que você faça todos os esforços para mudar seu foco do que você não tem para o que você quer ter. É impossível que eu repita o suficiente: *concentre-se no positivo!*

Visualize sua nova vida, remova pensamentos negativos e foque o positivo. Usando apenas essas três técnicas, você começará a ver sua vida mudar agora – *hoje*. Elas lhe darão uma base para o caminho que deseja construir e um rápido impulso para a nova vida que você quer ter. A riqueza não discrimina. Ela está disponível para todos que a quiserem – *incluindo você*.

Para muitos, a revelação não está no uso dessas técnicas – está na compreensão de que eles têm o poder e o direito de mudar a própria vida para melhor. Nós nos acostumamos tanto a lutar pela vida, aceitando quaisquer circunstâncias que surjam em nosso caminho, que nunca percebemos que temos o poder de escolher nossa vida.

Não há razão – e nenhuma desculpa – para se contentar com uma vida que o deixa infeliz. Se você não tem dinheiro suficiente ou outros elementos de sua vida ficam aquém de seus desejos, então você tem que mudar sua atual mentalidade de escassez para uma de abundância. Isso significa mudar de uma mentalidade de vítima para uma de responsabilidade e empoderamento.

Você *tem* controle sobre sua vida. Você *escolheu estar onde está agora.* Essa é uma boa notícia, acredite. Talvez você não goste de onde está agora, mas agora você sabe que *tem o poder de mudar isso!*

E se você se sentir relativamente feliz com onde está agora e só quiser ganhar mais dinheiro? Bem, esse é um ótimo lugar para começar. Querer riqueza não significa que você é ingrato ou infeliz com sua vida. Não há problema em querer chegar mais alto, mesmo que já tenha chegado a um lugar onde sua vida tenha muitas coisas boas. Como eu disse, o nosso potencial como seres humanos é ilimitado e, em um mundo perfeito, estamos sempre tentando melhorar – aprender mais, saber mais, alcançar mais.

O problema surge quando os outros veem você se esforçando por mais e o interpretam errado. Eles dizem que o esforço vem da infelicidade. "Contente-se com o que tem", dirão eles. Esse é exatamente o tipo de lógica retrógrada que as pessoas malsucedidas usam para se sentirem melhor sobre o motivo de não alcançarem mais.

Isso implica que, se você não está feliz em suas circunstâncias atuais, ou deseja mais da vida, é porque há algo de errado com você. O que não faz sentido. Faz parte da natureza humana o esforço, a busca e a diligência. Criar desculpas para aceitar o fracasso e encorajar outras pessoas a fazer o mesmo é uma técnica de autodefesa da qual eu peço que você não seja vítima. O desejo de arrastar os outros para baixo conosco é o comportamento menos humano de todos.

O perigo nesse tipo de lógica é que ela convence as pessoas a negar seus desejos e a aceitar a vida como ela é, sem perseguir os desejos e sonhos. Essas desculpas equivocadas tiram a responsabilidade de todos. Elas nos eximem de responsabilidade, afirmando que não há problema em ser um fracasso. Fique aqui embaixo comigo – é mais fácil.

Mas não é. Negar seus sonhos e desejos é o caminho mais difícil que alguém poderia trilhar. No entanto, muitos de nós fazemos isso. Estou lhe dizendo para ser ousado. Aceitar a responsabilidade de criar um futuro também significa que você deve aceitar que criou sua vida presente. Isso é bastante difícil para muitas pessoas. Eu avisei a você de antemão que estabelecer a mudança para uma mentalidade próspera não seria fácil. Eu lhe disse que você teria que aceitar que tem controle sobre sua vida, e que suas escolhas até este ponto criaram a vida que você viveu até agora. Se você teve algum pensamento ao ler este parágrafo que começa com "sim, mas", então volte para o início do capítulo e leia estas páginas novamente, porque você não está entendendo!

Eu não digo isso para ser duro ou maldoso. É importante ouvir a verdade. Você tem que ouvir, entender e, finalmente, aceitar isso como verdade, a fim de alcançar o que quer nesta vida. Nunca vou dizer a você que não há problema em culpar outra pessoa. Não posso lhe dizer que a culpa não é sua. Nunca vou dizer que você recebe um passe livre por causa de coisas em sua vida que aconteceram no passado. Por favor, entenda: não há "sim, mas..." para conseguir o que você quer!

Você tem o poder interior para criar uma vasta riqueza. Se você não o usou até agora, então não tem ninguém para culpar além de si mesmo. Você construiu a sua própria *prisão da percepção*. E você – somente você – tem o poder de se libertar.

Dinheiro é bom

Quantas vezes você já ouviu isto: o dinheiro é mau. Querer dinheiro é moralmente errado. Essa é uma mentira que impediu mais coisas boas do que se poderia imaginar. O dinheiro não tem emoção nem intenção. É apenas um meio de troca. Qualquer aspecto maligno ou moral do dinheiro existe unicamente no coração de cada indivíduo. Isso estaria lá com ou sem dinheiro. Como eu disse antes, o dinheiro apenas puxa o véu e revela quem realmente somos.

Mas muitas pessoas abrigam tanta negatividade em relação ao dinheiro que subconscientemente o rejeitam quando surgem oportunidades. Antes mesmo de iniciarem a jornada para uma vida rica e abundante, decidiram que ela é muito difícil ou moralmente errada. Não fazem nada e se tornam espectadores à medida que os outros alcançam os próprios sonhos.

O dinheiro pode e deve ser associado a várias perspectivas positivas. Ao se concentrar no positivo, você pode ter certeza de que estará em posição de alcançar seus sonhos – e não só ver os outros alcançarem os deles. Uma dessas perspectivas positivas inclui a capacidade de ajudar os outros. Pode ser sua família, amigos, a sociedade ou pessoas necessitadas. Existem fundações e organizações que são capazes de melhorar a vida das pessoas em todo o mundo. Ao criar riqueza, você não está apenas ajudando a si mesmo – você está criando um meio de ajudar essas pessoas, para não mencionar as pessoas mais próximas a você.

A riqueza pode lhe dar a liberdade de tempo da qual você necessita para desfrutar a vida no momento presente. Muitos de nós passamos a vida esperando – esperando por duas semanas de férias para ter um tempo com a família, esperando por aqueles momentos em que você pode fazer o que realmente quer fazer. Esse tempo é tão curto. Parece voar, e em um piscar de olhos se foi. Por isso, continuamos a esperar. Mais um mês, mais um ano e, quando se dá conta, os anos desapareceram diante de seus olhos. Se você é capaz de criar riqueza, então pode passar tempo com sua família ou viajar a qualquer momento que escolher – não esperar o ano todo por essas duas curtas semanas de liberdade. Na verdade, elas nem sequer são liberdade – trata-se apenas de uma pequena pausa na sua prisão de um ano.

A criação de fontes contínuas de renda lhe dá uma grande dose de autoconfiança. Ela lhe concede uma perspectiva positiva para o seu futuro. Não importa se a família ou o governo não são capazes de ajudá-lo na velhice. Você não precisa se preocupar com isso, porque sua riqueza significa que você sempre receberá cuidado.

A riqueza permite que você seja mais generoso e honesto com os outros. Estou compartilhando meu conhecimento sobre riqueza com você neste livro e sou completamente honesto sobre cada detalhe. Por quê? Porque eu usei esses conceitos e alcancei esses objetivos, e sei que outros podem se beneficiar do que aprendi. Ao criar sua própria riqueza, você fará o mesmo pelos outros – compartilhe o caminho para a riqueza!

A mente humana é a ferramenta mais poderosa que existe na criação de riqueza. Não importa quem você é. Não importa o que fez até agora. Na verdade, nem importa o que você atualmente acha que é capaz de fazer. Toda vez que pensar em dinheiro e riqueza, pense em todos os aspectos positivos associados a eles. Por meio da repetição, esses pensamentos positivos serão impressos em seu subconsciente. Você vai se sentir muito positivo sobre o dinheiro. Você irá atrair oportunidades como nunca fez antes, e, como consequência, a riqueza virá fácil e rapidamente em sua vida.

Mencionei o Chairman's Club. Eu dei início a ele especificamente por esta razão, ajudar as pessoas a encontrar maneiras de criar fontes de renda e socializar com pessoas que estão fazendo o mesmo (https://www.proctorgallagherinstitute.com/our-story).

Eduque-se

As oportunidades são de pouca utilidade para nós se não soubermos como aproveitá-las. Portanto, precisamos obter o conhecimento de como lidar com elas ou criá-las para nós mesmos.

Isso não significa que você precisa voltar para a escola. A maior parte do meu aprendizado sobre a criação de riqueza veio de leituras que fiz por conta própria e da minha busca por conhecimento com o foco que descrevi anteriormente. Há um grande número de livros, muitos deles maravilhosamente informativos e elucidativos, escritos por algumas das pessoas mais ricas do mundo. Se você realmente quiser, pode aprender sobre oportunidades lendo aqueles que já se apoderaram das que receberam.

Você também pode procurar mentores que possam lhe dar bons conselhos e ensinar a você as estratégias mais eficazes. Mas nada disso importa se você não tiver a mentalidade certa. Ela é a parte mais importante do sucesso e torna a obtenção do conhecimento que você precisa muito mais fácil. É por isso que eu não mencionei a educação anteriormente. Embora torne as coisas um pouco mais fáceis, ela não é a parte mais essencial da obtenção de riqueza.

Certa noite, eu estava assistindo a um programa na TV com Donald Trump. Ele respondeu perguntas e deu conselhos a um grupo de estudantes de negócios. Trump é muito bem-educado. Mas o notável é que ele deixou bastante evidente para esses alunos que a educação é realmente secundária e o desejo de ter sucesso é muito mais importante.

Talvez existam pessoas que você conheça que são incrivelmente inteligentes e possuem várias graduações, mas ainda não são ricas. Por outro lado, talvez haja algumas – e eu mesmo conheço *várias* – que contam com pouquíssima educação formal e ainda assim têm experimentado um sucesso incrível. Então, somando dois mais dois, vemos que a educação não determina a riqueza!

Mas, se você tem a mentalidade certa e se concentra em aumentar sua riqueza, então é vantajoso se familiarizar com as empresas que podem criar essa riqueza. Ganhar dinheiro tem tudo a ver com satisfazer os desejos e as necessidades dos outros. Nada é comprado, vendido ou negociado que não satisfaça uma necessidade ou o desejo de alguém. Encontrar maneiras de melhor servir seus clientes, parceiros de negócios, colegas, amigos, familiares e outros irá levá-lo à riqueza que você deseja.

Tenha isso em mente e você verá o reflexo em suas decisões e ações diárias. Mas haverá problemas se você mudar seu foco de cooperação com os outros para se concentrar estritamente em si mesmo. Quando os seus pensamentos se concentram em problemas em vez de soluções, você volta a um padrão de pensamento negativo, e os seus negócios irão refletir isso. Os seus problemas não são de interesse para a grande maioria das pessoas em sua vida; no entanto, você pode resolver seus próprios problemas simplesmente ajudando os outros a resolver os deles.

Por natureza, as pessoas preocupam-se consigo mesmas. Mas nossos problemas não são tão diferentes quanto você pode imaginar. Mesmo que você não se considere um pessoa de negócios, satisfazer as necessidades dos outros deve ser seu principal objetivo na vida. A maioria de suas atividades diárias o coloca em contato com todos os diferentes tipos de pessoas. Se você se concentrar nas necessidades delas, não nas suas, o seu sucesso na vida irá crescer exponencialmente em todas as áreas. E, no processo, as suas próprias necessidades serão atendidas automaticamente.

Quando falo com alguém sobre mudar de vida, uma preocupação comum é o risco. É interessante que o risco seja visto como uma preocupação. Indivíduos ricos *não acham que estão assumindo nenhum risco*! Na verdade, o que uma pessoa comum pode considerar risco nem seria uma preocupação passageira para alguém com uma mentalidade próspera. Eu gosto de falar sobre esse assunto por último, porque a questão do risco é totalmente sobre percepção e medo.

As crianças pequenas não nascem com qualquer tipo de aversão ao risco – esse comportamento é inteiramente aprendido. Se estivessem preocupadas com o risco, elas nunca aprenderiam a andar, correr ou andar de bicicleta. Pense nas aventuras que você teve quando criança. Quantas envolviam risco? Quase todo garoto (e a maioria das meninas) que eu conheço em algum momento amarraram um lençol ou uma toalha em volta do pescoço, imaginaram que eram um super-herói e pularam – da cama, de uma árvore ou até mesmo do telhado! O mundo de uma criança é cheio de aventura e aberto a infinitas possibilidades. No entanto, com o tempo, somos ensinados que o risco é ruim, e o medo do que "pode" acontecer ofusca a verdade do que de fato acontece.

Quantas pessoas você conhece que têm medo de voar em um avião? Há sempre algumas. Se você perguntar a elas a razão, a maioria dirá que tem medo de que o avião caia. No entanto, é um fato bem conhecido que, estatisticamente, você tem uma chance muito maior de morrer ao volante do seu carro do que em um acidente de avião.

Ainda assim, essas mesmas pessoas não hesitam em dirigir. É a *percepção de risco* que limita a vida delas e causa muito estresse e ansiedade – mesmo que seu medo seja em grande parte infundado. Eu encontro o mesmo raciocínio equivocado quando falo com as pessoas sobre se tornarem ricas. O medo dos "e se" obscurece o julgamento delas e estreita a sua visão de tudo aquilo que é possível.

Um exercício que costumo usar para ajudar as pessoas a superar esse medo irracional é chamado de "E daí?". Se me dizem que temem desistir de seu trabalho corporativo para iniciar o próprio negócio, eu lhes pergunto: "Bem, e o que aconteceria se você fizesse isso?".

Ou o negócio é bem-sucedido ou falha. Digamos que ele falhe, e daí? Então você fecha as portas e encontra outro emprego ou outra fonte de renda. E daí? Você fica pior do que está agora? Não. A sua família vai morrer de fome e ir morar na rua? Não. O que o faz pensar que o mundo vai parar?

Quando enfrentamos a incerteza, é fácil permitir que o medo cresça a níveis irracionais. A única maneira de combater isso é avaliar seriamente os "e se". Rapidamente, você percebe que, no máximo, são pequenos inconvenientes. Você *vai* sobreviver. Você se *sairá pelo menos tão bem* quanto está agora. E é bastante esperado que você tenha sucesso e se saia ainda melhor!

Quando passamos por dificuldades ou experimentamos episódios difíceis e desafiadores, precisamos ser lembrados de que os tempos difíceis em nossas vidas são temporários. Sempre haverá um amanhã. Enquanto ainda estiver respirando, você sempre terá a chance de melhorar a vida. Cada dia é uma nova oportunidade de fazer exatamente isso. A percepção de que sua vida vai acabar ou chegar a algum fim horrível está apenas em sua mente. Isso limita você e serve para mantê-lo trancado dentro do que você já conhece atualmente.

A outra ideia que eu gostaria de mencionar antes de seguirmos em frente é o conceito de "realidade". A realidade que você vive hoje é a manifestação de todos os seus esforços passados. Isso é o que produziu seus resultados atuais. No entanto, pense no aviso que você vê em ações e fundos mútuos de investimento: "O desempenho passado não é uma garantia de resultados futuros". O seu futuro está aberto a infinitas possibilidades, ele não depende do passado. Como você pensa hoje irá determinar os resultados que você alcançará deste ponto em diante – *o passado não tem nenhuma influência sobre isso*. Cada decisão que você toma e cada pensamento que você pensa estão criando seu futuro agora. Agora é a sua chance de mudar esse futuro para melhor.

Quando os outros falam com você sobre a realidade, muitas vezes estão falando do conceito que têm sobre você na mente deles – a própria realidade deles. Eles também podem estar projetando os próprios medos em você. Mas essas percepções – e esses medos – não têm nada a ver com a sua capacidade de criar a vida dos seus sonhos. Embora os comentários e as advertências deles possam ser bem-intencionados, eles apenas atrasam você. Eles o convencem de que você é impotente. Ouça-me: *você não é*. Seja qual for o seu passado, o que quer que você tenha feito, o que quer que tenha alcançado e quaisquer oportunidades que tenha perdido ao longo do caminho, você pode mudar sua vida a partir de agora. O mais importante é a sua mentalidade e o seu desejo de alcançar a vida próspera dos seus sonhos. A única "realidade" que importa é aquela que você cria em sua mente – agora, aqui, hoje.

Há muitos anos eu tenho gerenciado o Bob Proctor Coaching (www.bobproctor-coaching.com). É um programa de treze meses em que as pessoas são treinadas e educadas sobre como fazer as mudanças necessárias dentro de si mesmas a fim de criar o estilo de vida com o qual sonham. Isso me lembra uma história interessante de um estudante aplicado do nosso programa de coaching, Chris Guerriero. Alguns anos depois que Chris completou o programa de treze meses, ele me escreveu uma carta afirmando o quão dramaticamente sua vida havia mudado – e não apenas a dele, mas a de todos os seus familiares. Chris explicou como teve que colocar o investimento em alguns cartões de crédito para conseguir pagar pelo programa de coaching e disse que realmente valeu a pena. Lembro-me dele dizendo: "Acabei de ter meu primeiro mês de um milhão de dólares". Veja: Chris sempre teve esse potencial – o que ele tinha que fazer era utilizá-lo adequadamente.

Revisão do Capítulo 1

- Riqueza não é acumulação, é circulação.
- A única diferença entre você e um bilionário é uma diferença de mentalidade.
- Creia para ver – você deve crer antes de ver qualquer coisa acontecer em sua vida.
- O dinheiro não é mau, ele só amplia quem você já é.
- Criar riqueza é gerar valor.
- Visualize continuamente a sua vida próspera.
- Remova os pensamentos negativos de sua mente e concentre-se no que é positivo.
- Concentre-se no que você quer para sua vida, em vez de se preocupar com seus problemas.

Capítulo 2

O paradoxo

Os indivíduos com o melhor desempenho em todas as indústrias fazem o que fazem porque adoram fazê-lo. Para eles, o trabalho é uma recompensa em si mesmo. Eles entendem como gerar valor e gostam de fazer isso. Não trabalham apenas para ganhar dinheiro. Mas também é importante entender que eles não trabalhariam de graça. Olhando de fora, pode ser difícil entender isso. Se os ricos não precisam de mais dinheiro, e eles não estão trabalhando para ganhar mais, então por que trabalham?

Um equívoco comum é o de que você acumula dinheiro para poder parar de trabalhar. Mas isso é alguém sem uma mentalidade próspera falando. As pessoas me perguntam o tempo todo quando eu vou me aposentar. A minha resposta é: por que eu pararia de fazer o que eu amo? Para mim, a aposentadoria significa deixar a vida para trás e desistir de algo que a enriquece e preenche todos os dias. Por que diabos eu faria isso?

Embora as pessoas ricas falem muito sobre dinheiro e geração de renda, elas quase nunca pronunciam a palavra aposentadoria. Isso ocorre porque as únicas pessoas que desejam se aposentar são aquelas que passam a vida em empregos dos quais não gostam ou pelos quais não têm paixão.

Da mesma maneira, a ideia de que você deve guardar dinheiro para a aposentadoria me parece insana. A ideia de poupar para a aposentadoria é negar a si mesmo a vida que você quer viver agora com o objetivo de acumular dinheiro suficiente para viver a vida que você quer no futuro. Isso é uma lógica retrógrada! Toda a ideia está rodeada pelo medo da futura escassez de recursos. O dinheiro e a energia que estão sendo acumulados poderiam ser usados de uma maneira muito melhor… criando fontes contínuas de renda que continuarão existindo por toda a vida – não importa qual seja a sua idade ou o seu estado de saúde.

Os ricos entendem que o trabalho lhes dá energia e renova sua paixão pela vida. Pegue Warren Buffet como exemplo. Ele fez bilhões, e ele doou bilhões. Warren Buffet, você pode ter certeza, não precisa de casas ou carros em maior tamanho ou quantidade, ou de qualquer outra coisa. E pode apostar que ele não está trabalhando para que possa se aposentar algum dia!

Não, Warren Buffet trabalha todos os dias porque adora encontrar empresas que forneçam produtos dos quais os clientes precisam e que possam gerar valor aos seus acionistas. Essa é a sua paixão. E ele é apaixonado por todas as fases de seu negócio.

Quando você encontra uma carreira ou um negócio pelo qual é verdadeiramente apaixonado, ela não parece mais trabalho. É uma descarga de adrenalina. Quando você é ótimo no que faz, o que você faz o revigora todos os dias. Essa paixão pode ajudar também os outros a alcançarem seus objetivos.

É exatamente assim que me sinto ao ensinar às pessoas os princípios que podem mudar a vida para melhor. Levanto-me todas as manhãs entusiasmado e ansioso para começar. Eu espero que grandes coisas aconteçam todos os dias – e elas acontecem! Para mim, não há emoção maior do que ajudar alguém a entender a mentalidade rica e, em seguida, vê-lo tomar esse conhecimento e se tornar um milionário.

Pessoas de sucesso não são diferentes. Mas a única coisa que elas têm em comum é que são apaixonadas. Elas desenvolveram a força interior para manter uma persistência consistente. Isso faz com que elas possam ir além do ponto em que uma pessoa comum teria desistido. Essa é a mentalidade próspera em funcionamento. Ela mostra como ver além do mundo do aceitável ou do comum.

A atitude da média

O que significa fazer parte da média? Se você reunisse cem pessoas aleatórias em uma sala e perguntasse a elas como se enxergam em relação aos outros, eu estimaria que 97 delas diriam que estão em torno da média. O termo "média" assumiu um significado muito além de sua definição real. Na verdade, a média representa o ponto médio e, como tal, só pode representar um número. Isso significa, simplesmente por definição, que, do grupo de cem pessoas, 99 não fazem parte da média. Pense nisso.

Significa que todas elas estão mentindo? Na verdade, não. Mas "média" assumiu um significado que muitas vezes igualamos a "comum" ou "aceitável". Dizer que você "faz parte da média" dá uma sensação de pertencimento às massas – mesmo que esteja longe da verdade. O problema é que a ideia se aloja na mente, e então você vê pessoas que alcançam grandes coisas como se estivessem muito acima de você. Você acredita que elas são especiais ou sortudas ou sabem de algo que você não sabe. A diferença entre o que você pode considerar uma vida comum e uma vida próspera é realmente muito pequena. No entanto, *a percepção da diferença é enorme*!

É essa *atitude da média* presente na mente de tantas pessoas que dificulta sua capacidade de acreditar que elas são tão capazes quanto os indivíduos ricos. Se tentam algo novo, elas simplesmente desistem com facilidade – pressupondo que o caminho para a riqueza é muito difícil, e que elas – sendo as pobres pessoas comuns – obviamente não têm as qualidades necessárias.

É como ficar preso em uma ilha com um pequeno bote. Você encontra uma nota deixada por náufragos anteriores dizendo que há terra a leste. Mas você não consegue enxergá-la – tudo o que tem são as palavras anônimas de um antecessor desconhecido para continuar. O que fazer? Você se senta na praia e espera um navio que o leve para aquilo que consideraria ser minimamente seguro – sem saber quando, ou se, isso aconteceria? Ou você entraria no barco e começaria a remar?

Para aqueles que viajaram antes de você, o caminho parece óbvio; eles não conseguem entender por que você hesitaria. No entanto, em sua mente, você considera os "e se". E se o barco for inundado? E se eu perder o rumo? E se um tubarão me comer? Você considera que as pessoas que chegaram à terra tiveram sorte e tiveram algum tipo de ajuda especial, ou talvez fossem mais inteligentes ou mais capazes do que você. Talvez tivessem algo que você não tem – um mapa ou uma bússola.

Afinal, você é apenas uma pessoa comum. Como pode realizar tal façanha? O medo cresce em sua mente e, com ele, a extensão de água, não importando qual seja a real quantidade, também cresce vertiginosamente; de modo que, em sua mente, aquelas águas poderiam muito bem ser um oceano inteiro. Então você espera. Toda a sua vida passa enquanto você espera que esse navio o salve e o leve para o lugar que você se convenceu de que nunca poderá alcançar por conta própria.

Muitas pessoas passam a vida toda acreditando na mentira de que são comuns. Elas se convencem de que não são especiais o suficiente para viver uma vida próspera. Mas você tem a mesma capacidade de aprender e alcançar o sucesso que qualquer outra pessoa – talvez até mais. Contudo você deve deixar essa noção de ser "comum" para trás. Você tem que se levantar e dizer "estou disposto a fazer o que for preciso" – e dizer isso com vontade sincera. Se optar por começar essa jornada em direção à prosperidade e à riqueza, você tem que decidir, antecipadamente, ir até o fim – não "esperar para ver" se consegue lidar com ela. Comprometa-se. Concentre-se. Visualize o fim – o resultado que você tanto deseja. Só então você poderá se libertar da *atitude da média* e se colocar para reivindicar o que é seu por direito. Para ser próspero, você deve estar disposto a entrar no bote agora mesmo e começar a remar!

Como nós pensamos

Antes que possa realmente começar a mudar a maneira como você pensa, primeiro tem que entender como seus pensamentos e suas crenças atuais passaram a existir. A mente é uma ferramenta incrivelmente poderosa, mas poucas pessoas param e pensam sobre o que cria seus padrões de pensamento, sentimentos e ações. Por causa disso, elas ficam frustradas e confusas com os resultados que experimentam; ainda assim, sentem-se incapazes de mudá-los.

A atitude geral de uma pessoa é um conjunto de seus pensamentos, sentimentos e ações – não um ou dois, mas todos os três trabalhando juntos. Esses pensamentos, sentimentos e ações são um produto de nosso comportamento condicionado, que inclui o ambiente em que fomos criados, a educação que nos foi dada e as pessoas e eventos que influenciaram nossas vidas. Somos todos um produto de nossas experiências individuais, de modo que a atitude de cada pessoa é inteiramente única. Para entender como essas ideias e ações se enraizaram em nosso comportamento, precisamos entender como aprendemos.

Tudo o que sabemos é resultado de uma aprendizagem em quatro etapas específicas. Pense no exemplo de andar de bicicleta. Começamos a vida sem saber ou nos importar que as bicicletas sequer existam ou que possamos querer andar nelas. Esse estágio é chamado de *incompetência inconsciente*. Não sabemos que não sabemos. Com contentamento, passamos o nosso dia completamente inconscientes de que poderia haver uma maneira melhor de se transportar do que a pé.

Em algum momento durante a nossa infância, vemos outras pessoas andando de bicicleta, e o desejo de andar de bicicleta começa a florescer. Esse é o segundo estágio da aprendizagem e é chamado de *incompetência consciente*. Agora sabemos que não sabemos andar de bicicleta e tentamos aprender. Como você sabe, é preciso muita concentração e esforço para se equilibrar em uma bicicleta pela primeira vez. Trabalhamos duro e concentramos nossos esforços em permanecer equilibrados até que finalmente sejamos capazes de pedalar sem cair. Esse terceiro estágio da aprendizagem é chamado de *competência consciente*. Nós provamos que podemos andar de bicicleta, focando a concentração e o esforço.

Por meio da repetição, nos tornamos tão bons em andar de bicicleta que não precisamos mais pensar conscientemente em ficar equilibrados. Isso é chamado de *competência inconscient*e – quando nos adaptamos tão bem à realização de uma habilidade específica que nem pensamos mais em como fazê-la.

Uma vez que a habilidade é aprendida, a mente a move para o subconsciente e ela se torna uma parte de nós. Não precisamos mais pensar nela – nós apenas a fazemos. Esse mesmo processo entra em ação quer estejamos aprendendo a dirigir um carro, usar um computador ou *a gerar riqueza*!

Como seres humanos, pensamos em imagens. Se eu lhe dissesse para pensar em seu carro, sua casa ou sua família, você poderia vê-los em sua mente de modo automático, como imagens nítidas – fotos instantâneas de sua vida. Mas se eu lhe pedir para pensar em sua mente, você não tem uma imagem. Você pode imaginar uma imagem do seu cérebro, porém ele é a sua mente tanto quanto o seu joelho é. A sua mente existe em cada célula do seu corpo, mas não tem localização física concreta ou manifestação.

Como você e eu pensamos em imagens, é difícil entender sua mente e como ela funciona, a menos que tenhamos uma imagem ou foto da mente. Para ilustrar e explicar esse processo, usaremos o exemplo da pessoa de palitinho. Há mais de quarenta anos, eu tenho usado esse exemplo em todos os meus programas em todo o mundo e me sinto em dívida com o homem que o criou, em 1934: o Dr. Thurman Fleet, de San Antonio, Texas.

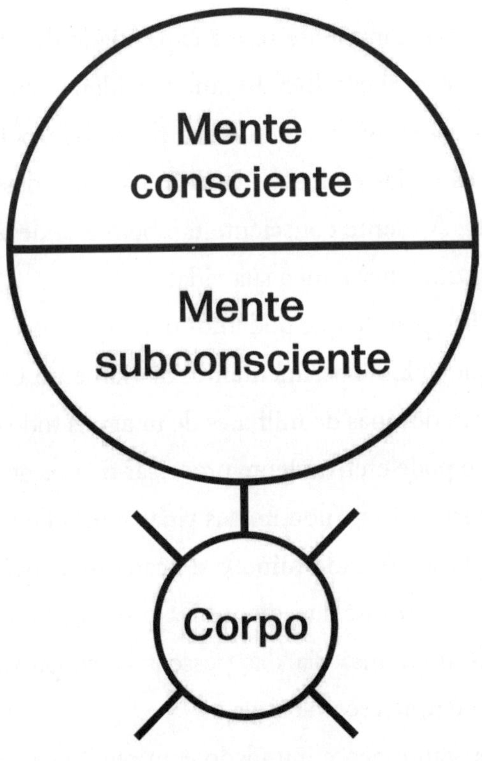

Mente consciente

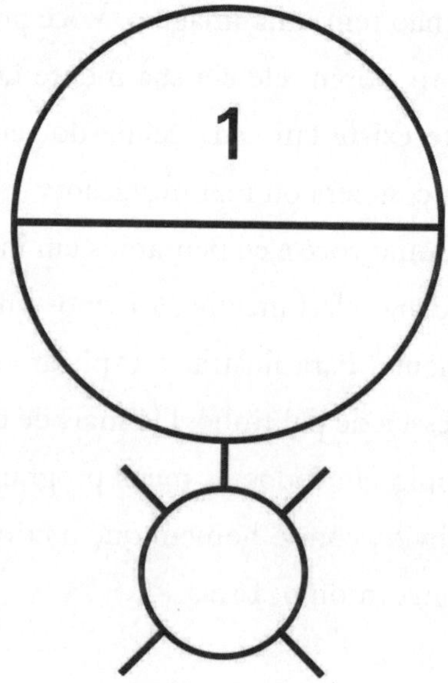

O círculo superior representa a mente ou os pensamentos, e o círculo inferior representa seu corpo ou a ação. A mente é dividida em consciente e subconsciente. A mente consciente é a área onde você recebe todas as informações e experiências do mundo ao seu redor. À medida que novos eventos e ideias são apresentados, sua mente consciente tem a capacidade de *aceitar ou rejeitar* qualquer ideia que você escolher. Quando as ideias vêm a você a partir do seu entorno, a mente consciente é o filtro. Isso permite que você escolha apenas as ideias e os eventos com os quais deseja se envolver emocionalmente. A mente consciente também é onde você cria os sonhos e objetivos que quer para a sua vida.

Hoje, o melhor palpite que podemos dar é que, por meio dos vários tipos de mídia que todos experimentamos diariamente, cada um de nós é bombardeado com dezenas de milhares de imagens todos os dias. Nossa mente consciente pode efetivamente processar menos de mil delas.

A era da informação tornou nossas vidas mais eficientes, mas também mais complexas. A cada minuto de cada dia, você está constantemente escolhendo o que sua mente irá processar e ao que ela será exposta. Mas, como a maioria das pessoas, você provavelmente não percebe que essa é uma escolha ativa.

Se você é constantemente inundado com mensagens negativas, você escolherá pensamentos e ideias negativas. Esses são armazenados em sua mente subconsciente. O resultado? Você se torna uma pessoa negativa com ideias e opiniões negativas. Se quer pensar, sentir e agir de maneira mais positiva, você deve proteger seu subconsciente com sua mente consciente. Ela é o seu guardião e permite que você escolha com quais ideias se envolve emocionalmente e a quais imagens é continuamente exposto.

Mente subconsciente

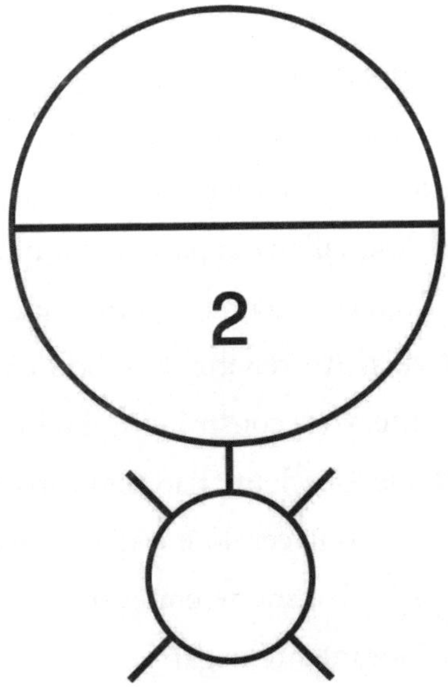

A mente subconsciente é a mente "emocional" ou "sentimental". Os gregos antigos a chamavam de "o coração dos corações". A mente subconsciente só tem uma resposta para todos os comandos que recebe da mente consciente, e essa resposta é "SIM!". Ela aceita todas as ideias apresentadas e as incorpora em suas opiniões.

A mente subconsciente não tem capacidade de rejeitar pensamentos. É por isso que você precisa usar sua mente consciente para monitorar pensamentos e ideias à medida que os recebe – e fechar o portão quando os pensamentos negativos estiverem se aproximando. Se você se preocupa com algo que possa acontecer, então o subconsciente irá colocá-lo em movimento no sentido de fazer com que essa coisa negativa aconteça. Do mesmo modo, se você criar uma ideia positiva de como quer que os eventos se desenvolvam ou como quer lidar com as coisas infelizes que acontecem em sua vida, então a mente subconsciente irá internalizar isso e começar a trabalhar no resultado positivo.

Preocupar-se e concentrar-se no que você não quer requer tanta energia e tempo – se não mais – do que se concentrar no que você *de fato* quer – e funciona! Você sempre atrairá energia com a qual está em harmonia. Se a sua energia é em grande parte negativa, então é isso que você vai receber.

Com esse conhecimento básico de como sua mente opera, podemos identificar como emoções ou sentimentos negativos foram implantados em sua mente. Você pode ter sido criado com a crença de que não pode conseguir um bom emprego sem uma boa educação. Embora isso seja completamente falso, a repetição plantou isso em sua mente subconsciente – tanto que agora você só busca empregos e oportunidades que exigem exatamente o nível de educação que você tem, já que "se sente" desqualificado para tentar qualquer coisa mais.

Talvez você tenha experimentado um fracasso em algum momento da vida. Ao repetir de modo constante as emoções que criou em sua mente, você constrói um medo esmagador de falhar novamente. A mente subconsciente não tem capacidade de distinguir entre o que de fato está acontecendo e o que você está se lembrando. Concentrar-se de maneira constante em eventos negativos passados cria uma atitude esmagadoramente negativa.

A boa notícia é que, ao entender como as ideias são implantadas na mente, nos tornamos capazes de remediar seus efeitos. Podemos neutralizar o negativo com o positivo. Todos os dias, concentre-se em suas conquistas positivas. Muito rapidamente, você diminuirá a energia negativa e atrairá mais eventos positivos para sua vida. É aqui que entra a visualização. Lembre-se, sua mente não pode dizer se você está simplesmente visualizando sua nova vida próspera ou de fato a experimentando, então ela toma sua visão como um fato. Por meio da repetição, essa ideia de riqueza se torna parte de suas opiniões e afeta positivamente seus resultados. Lembra que é preciso crer para ver? Esse é aquele conceito simples transformado em realidade.

Eu sei que isso soa rápido e fácil. Apenas se concentre em pensamentos positivos e em repeti-los, que, por fim, eles irão substituir todos os pensamentos negativos que você construiu no subconsciente ao longo da vida. Mas não é só isso.

Você nunca pode subestimar o poder de sua mente e o quanto ela tentará se apegar ao que já percebe ser real. Esse poder pode ser incontrolável. O esforço necessário para superar uma ideia profundamente enraizada pode ser exaustivo. Você precisa saber disso de antemão. Prepare-se para uma luta. Isso vai exigir resistência e determinação. E entenda: você é completamente capaz de fazer isso.

O poder da mente subconsciente de acreditar em algo, mesmo que sua mente consciente saiba que ele não está correto, é um fenômeno incrível. Pense em soldados ou vítimas de acidentes que perderam um membro por causa de um evento traumático. Eles podem ver e fisicamente sentir que o membro não está mais lá, mas a mente continuará a pensar o contrário. Esses pacientes dirão que podem literalmente "sentir" que seu membro ainda está ali. Às vezes, são assolados por dor ou coceira no membro que há muito tempo foi cortado. Isso pode ocorrer por meses.

Se é tão difícil convencer sua mente subconsciente de algo fisicamente óbvio, imagine o quão difícil será remover ideias e pensamentos que foram alojados em sua mente desde a infância. Suas inclinações negativas não vão desaparecer só porque você decidiu que elas precisam desaparecer. É uma luta contínua, e você tem que se comprometer a vencer se quiser ter sucesso.

O fator X lança o desafio

A maioria de nós vive nossas vidas sem saber – ou se importar – com o condicionamento que governa nossos resultados. Eu chamo esse condicionamento de *fator X*. E é muito importante que você entenda que seu condicionamento controla a sua lógica.

Pense em Orville e Wilbur Wright, dois jovens mecânicos de bicicletas de Dayton, Ohio. Eles pensavam ilogicamente. Veja bem, durante séculos, foi a lógica que nos disse que não podíamos voar. Mas os irmãos Wright pensavam fora da caixa, as suas ideias eram ilógicas. E, se é para você vencer, você vai ter que ser ilógico. No entanto, esse condicionamento e lógica não são importantes até que você tente fazer algo que desafie o seu condicionamento.

O fator X pode ser qualquer crença enraizada, desde o peso que você acha que deve ter até como criar seus filhos. Para nossos propósitos, vamos supor que X é a ideia de que você nunca pode ganhar mais de cem mil dólares por ano. Se ouvir os que possuem uma mentalidade próspera, você pode decidir que quer ganhar um milhão de dólares por ano. Essa nova ideia, isto é, o milhão de dólares, é chamada de fator Y. Agora a guerra começou!

Você irá nutrir a nova ideia em sua mente consciente no início. Talvez você visualize sua nova e próspera vida. O fator X começará suavemente. Ele usará a lógica e tentará convencê-lo de que talvez essa nova ideia não seja certa ou, pelo menos, não seja certa para você. O seu diálogo interno com X pode ser mais ou menos assim:

– Não há nada de errado com a maneira como estou vivendo, e estou muito feliz. Por que eu colocaria isso em risco?

E, entenda, seu pensamento está certo. Ele não vai levar você ao milhão de dólares, mas está certo.

Talvez você consiga deixar esse argumento de lado. Mas se fizer isso, o ataque do X ficará ainda mais pessoal:

– Você se lembra de como trabalhou duro para conseguir o emprego que tem? E se isso falhar e você não conseguir chegar nem perto? Você sabe que precisa dos benefícios para sua família.

O X é implacável em sua busca pelo que acredita. Mesmo que você insista em acreditar que irá ganhar um milhão de dólares por ano, o X continuará tagarelando em sua mente, passando por todos os "e se", todos os "por que não" repetidas vezes. O X quer convencê-lo de que, não importa em que você acredite, há muitas razões pelas quais você simplesmente não conseguirá chegar lá.

Toda vez que você visualizar uma boa razão para o fato de que vai, sim, conseguir chegar lá, o X irá oferecer uma razão racional e sensata para dizer que isso não irá acontecer. O que é normal, você deve esperar por isso. Afinal, o X tem descansado em seu subconsciente por um longo tempo. O X está confortável ali. Por que ele iria querer seguir em frente? O X quer que você faça as mesmas coisas. Ele investiu uma vida inteira mantendo-o no caminho em que você sempre esteve. Pense nisso – um caminho que é familiar e confortável. Na verdade, a própria existência do X depende de você ficar exatamente onde está.

É aqui que a persistência desempenha um papel fundamental. Você não tem chance contra o X, a menos que esteja disposto a reforçar essa nova ideia repetidas vezes. Infelizmente, seu Fator X ainda tem uma arma secreta: o *medo*.

Quando o medo entra em cena, a lógica sai. Pense nisso. Quando o medo entra em cena, a lógica sai. A verdade é que não importa o quão irracional ou infundado o medo possa ser. O medo permite que a dúvida e a incerteza inundem sua mente e superem a nova ideia da qual você tem tanta certeza. Vamos supor que você tenha decidido iniciar um novo negócio e acabou de começar a sua primeira campanha de marketing – e nada acontece. Mesmo que você saiba em um nível consciente que leva tempo, em um nível subconsciente suas inseguranças estão causando estragos no seu estado de espírito. "E se ninguém responder?", "E se tudo isso for um erro?", "E se eu cair de cara no chão?".

Não importa o quanto você pense que quer tentar desenvolver uma nova mentalidade de prosperidade, as suas velhas opiniões sobre o dinheiro tentarão com frequência desgastar sua determinação. Cometer o erro de ceder a esse medo e se preocupar com ele constantemente só servirá para trazer à tona o pior dos cenários possíveis.

Deixe-me compartilhar uma história com você sobre uma mulher chamada Sally. Ela decidiu se demitir do emprego para se tornar escritora. Já estava bem encaminhada. Tinha uma renda com sua escrita antes de deixar o emprego na área de marketing corporativo. Eis o que ela diz da própria batalha com X:

> *Há anos eu não via a hora de deixar meu emprego. Sempre sonhei em escrever para ganhar a vida, então nos últimos quatro anos construí um negócio freelance até certo nível substancial. Na semana em que finalmente me demiti, estava animada e pronta para começar a minha nova vida.*
>
> *Esse sentimento durou cerca de sete dias. No início da minha segunda semana trabalhando em casa, fui consumida por um sentimento de medo que nem consigo explicar. Já havia provado a mim mesma que eu poderia fazer aquilo, e eu tinha trabalhos suficientes na fila para durarem vários meses. Mas ainda assim os "e se" não me deixavam em paz. E se os trabalhos sumissem? E se eu perdesse os prazos? E se minha casa fosse incendiada e eu perdesse todas minhas pesquisas? A maioria desses temores nem sequer era racional ou lógica, mas eles me mantinham acordada à noite por preocupação.*
>
> *Depois de algumas semanas me afogando nesse medo, percebi que eu quase não havia trabalhado. Sempre acreditei que, na verdade, eu*

nunca seria capaz de ganhar a vida escrevendo, e agora, devido à minha mentalidade negativa e à preocupação constante, isso estava se tornando realidade! Rapidamente reorientei minha mente para a visão positiva que eu havia tido de criar uma carreira que eu amasse e me recusei a permitir que minha mente vivesse com medo.

Com certeza o medo diminuiu, mas isso não significa que ele nunca tenha levantado a cabeça desde então. Ele o tem feito, porém, agora, eu sei me concentrar imediatamente no positivo e me recuso a permitir que isso me distraia do que eu de fato quero para a minha vida.

Veja bem: como Sally descobriu, o seu subconsciente irá acomodar qualquer pensamento que você nutra. Se esses pensamentos forem negativos, eles proporcionarão ainda mais reforço negativo. Quando reduz seus esforços, ou desiste por causa do medo, você dá a si mesmo muitas boas justificativas para a decisão que tomou: "É muito difícil", "Estou com a corda no pescoço", "Não tenho as habilidades para isso". No entanto, o medo raramente é uma dessas justificativas.

O medo é, na verdade, o gatilho para essa rebelião mental. O medo fornece uma passarela para todas as inquietudes e preocupações por que você já teve que passar. Para muitos de nós, é quase impossível resistir, seja por muito ou pouco tempo.

Quando você introduz e implementa uma nova ideia ou maneira de pensar, o poder vem de sua crença de que essa nova ideia é certa e boa. Se o medo toma conta, ele fecha o seu canal para esse poder. Ele internaliza o seu problema. O medo pode impedi-lo de resolver logicamente o próximo passo que você precisa para encontrar a solução da qual necessita. Ele desliga você. Ele ajuda você a arranjar uma desculpa para desistir.

Por exemplo, começar um novo negócio. O medo pode lhe roubar a capacidade de ver o que realmente está acontecendo no mercado.

Isso pode impedi-lo de ver oportunidades adicionais. Ele pode alterar a maneira como você percebe seus resultados atuais. Se o medo domina sua mentalidade, você pode facilmente presumir que é um mau empreendedor ou que o seu produto não funcionará para o mercado que havia imaginado.

Mas a verdade pode muito bem ser que você está simplesmente entrando no mercado com uma abordagem errada, então o seu marketing poderia ser mais eficaz.

Você precisa aprender a deixar o medo de lado para que possa vê-lo pelo que ele realmente é. Se for capaz de dominar o medo, poderá procurar soluções, e não desperdiçar energia se preocupando. Quando você está lidando com os *fatores X e Y*, o seu canal de energia está ou aberto ou fechado. Apenas ao reforçar constantemente as novas ideias, e ao praticar novas ações que apoiem essa ideia, você será capaz de manter o canal para o poder aberto. É o que lhe dá as ferramentas para superar sua antiga maneira de pensar.

Lembre-se, você tem a capacidade de rejeitar o medo com o qual seu *fator X* o tortura. Você tem a opção de não se afligir com os "e se". Você não precisa ceder ao medo. Tenho uma boa amiga, Melonie Brown. Ela está escrevendo um livro, *Let Fear Fail* ("Deixe o medo fracassar"). Esse é um ótimo título e será um ótimo livro.

Você escolhe rejeitar esse medo ao permitir a si mesmo envolver-se emocionalmente com o fator Y e todo o bem que ele trará para sua vida.

Qualquer nova ideia ou processo de pensamento que você introduza deve, com sua ajuda, fortalecer-se – tornando-se forte o suficiente para dominar as velhas ideias profundamente estabelecidas em sua mente. Esses velhos pensamentos não desaparecem de modo simples e mágico. É uma luta e um empenho. E uma vez que você aceitou a nova ideia e realmente acredita nela, deve permanecer vigilante. Mantenha essa nova ideia forte, e as ideias negativas, distantes; porque, se tiverem a chance, estas darão o seu melhor para retornar à casa. Não se engane. Feche a porta, não as deixe entrar.

Muitas pessoas expressam seus anseios e vontades como um desejo. O motivo é o seguinte: elas esperam que a vida mude, mas não assumiram o compromisso de fazer isso acontecer. Querem que seja fácil – uma fantasia que se torne realidade ao balançar de uma varinha mágica. E, óbvio, isso não acontece. Elas rapidamente voltam aos velhos hábitos e nunca se movem em direção ao que dizem que querem.

Por fim, elas se convencem de que era apenas um sonho, de qualquer maneira, algo que nunca poderia ter acontecido. A parte triste é que, sem sombra de dúvida, poderia ter acontecido! Elas poderiam ter tido tudo o que desejavam em seu coração, mas não se comprometeram com a nova ideia. Assim, os velhos pensamentos negativos nem sequer foram incomodados. Eles nem precisaram argumentar. E se deixar fácil assim para o seu fator X, eu prometo, você obterá os mesmos resultados. E eu sei que você não quer passar o resto da vida dizendo "eu poderia ter sido um milionário".

Os pensamentos, hábitos e atitudes da vida que você tem vivido até agora produziram os resultados com os quais você agora vive. É uma luta implementar essas novas ideias, mas são elas que irão produzir a vida com a qual você sonha, desde que você possa manter o foco. Se fizer isso, as novas ideias encontrarão um lar permanente em sua mente. Esse é o melhor resultado que você pode esperar. À medida que a nova ideia se torna mais forte, você verá os resultados se manifestarem em sua vida. Com o tempo, torna-se o seu novo paradigma ou crença. Se você pode deixar de ganhar cem mil por ano para ganhar um milhão, então por que não dez milhões? Ou cem milhões? Por que não?

Costumo dizer às pessoas que comecem com a ideia de que podem transformar sua renda anual em uma renda mensal. Isso lhes dá um valor exato com o qual trabalhar em sua mente. É importante ser preciso. Se você começar com uma ideia de que só "quer mais dinheiro", isso não lhe dará um conceito com o qual você possa se envolver emocionalmente. Cinco dólares é "mais dinheiro", isso é muito vago. Depois de ter uma quantia – vamos trabalhar com um milhão de dólares –, então você é capaz de começar a procurar maneiras de tornar esse número uma realidade.

Compre uma pequena calculadora como a que eu tenho e carregue-a com você o tempo todo como eu faço. Quando me vejo com um tempo extra, esperando em um aeroporto ou voando de um lugar para outro, muitas vezes eu pego essa pequena calculadora e começo a pensar em como vou conseguir o meu próximo milhão de dólares. A primeira coisa que faço é colocar o valor total que quero ganhar na calculadora – um milhão de dólares.

Henry Ford disse que se você quiser tornar mais fácil um trabalho difícil, divida-o em pequenas partes. Eu tomo o que ele disse literalmente. Divido o milhão por doze – isto é, por doze meses –, o que significa que vou me dar um ano para fazer isso. Um milhão dividido por doze dá 83.333 dólares. Isso é o quanto eu tenho que ganhar todos os meses, mas ainda é um número muito grande. Então, vamos reduzir ainda mais. Vamos dividir os 83.333 dólares por 4,3 – já que há 4,3 semanas por mês. Nosso novo número é de 19.380 dólares. Então é isso que eu tenho que ganhar toda semana.

Para uma ideia que acabou de chegar à sua mente, ainda parece muito. Então, penso em dividir minha semana em duas partes: de segunda a quarta-feira; e de quinta a domingo. Vou dividir 19.380 dólares por dois, o que reduz o número para 9.690 dólares. Você pode estar pensando: "Uau, eu tenho que ganhar 9.690 dólares entre segunda e quarta-feira, e depois o mesmo entre quinta-feira e domingo... e tenho que fazer isso toda semana, o ano todo!".

Acho que é melhor aplicarmos a isso o método de Ford mais uma vez.

Divida 9.690 dólares por 86. Agora, você provavelmente está se perguntando, por que 86? Apenas escolhi arbitrariamente esse número... Eu poderia ter escolhido 74, mas não escolhi, escolhi 86. Preste atenção – há uma boa ideia aqui. O resultado é 112,67 dólares. Guarde isto na mente: 112,67 dólares.

Agora deixe-me lhe fazer uma pergunta. Se eu pudesse lhe mostrar como ganhar 1.112,67 dólares duas vezes por semana, todas as semanas, com muito pouco esforço, você me daria os 112,67 dólares e ficaria com os mil? Você provavelmente está dizendo, com certeza eu faria isso. Eu já fiz esse cálculo em inúmeros seminários e nunca tive uma pessoa dizendo não, que não faria isso.

Pense no que estou lhe perguntando. Vou lhe mostrar como ganhar mil dólares extras duas vezes por semana, além dos 112,67 dólares, e porque eu pensei em como fazer isso, a ideia é minha propriedade intelectual, então você vai me dar uma fração do que ganha – 112,67 dólares duas vezes por semana. Preste atenção. Agora, eu não tenho mais que descobrir como ganhar um milhão de dólares, só tenho que pensar em uma ideia que lhe permita ganhar 1.112,67 dólares duas vezes por semana e, quando eu tiver descoberto isso, não acho que terei qualquer problema em conseguir outras 85 pessoas dispostas a fazer o que você está disposto a fazer.

Veja, ganhar dinheiro não é difícil se você pensar bem. O problema com a maioria das pessoas é que elas não pensam. Elas enganam a si mesmas, forçando-se a acreditar que a atividade mental é raciocínio. Essa ideia foi um pouco chocante para mim quando a descobri pela primeira vez. Eu estava ouvindo a gravação de Earl Nightingale, *The Strangest Secret*, em que ele citou o falecido Dr. Albert Schweitzer sendo entrevistado por um repórter quando saiu do avião. O repórter perguntou ao bom médico qual era o problema com as pessoas de hoje. Ele pensou por um momento e disse: "As pessoas simplesmente não pensam". E, se você observar as pessoas como eu faço, desde que ouvi pela primeira vez essa gravação muitos anos atrás, muito provavelmente vai descobrir o que eu descobri – que a maioria das pessoas nunca diria o que estava dizendo se estivesse pensando, e certamente nunca faria o que está fazendo se estivesse pensando. O Dr. Schweitzer estava certo – as pessoas simplesmente não pensam. Quando você começar a pensar, a função mais elevada da qual é capaz, toda a sua vida mudará.

Deixe-me dar alguns outros exemplos, caso ainda duvide que alguém – de qualquer classe social – possa gerar uma renda passiva. A seguir, estão algumas ocupações que são muito comuns, e tenho várias sugestões para criar renda passiva com cada uma delas.

- *Instrutor de exercícios*: crie uma série de exercícios única e escreva um livro sobre isso. Faça gravações dessa série para diferentes níveis de praticantes. Ofereça seminários de treinamento para que outros instrutores aprendam a ensinar o seu sistema. Crie uma dieta que acompanhe a série de exercícios.

- *Professor*: faça gravações com orientações para as crianças sobre vários assuntos e venda livros com conteúdo complementar. Escreva um livro para os pais sobre como ajudar seus filhos a aprender melhor. Se for um treinador, você pode vender vídeos e livros que ajudam os atletas a treinar. Se for professor de música, você pode vender itens que ensinem as pessoas a tocar violão ou piano.

- *Empreiteiro*: crie vídeos para ajudar as pessoas a entender os conceitos básicos de como reformar uma casa. Escreva um livro sobre como encontrar uma boa construtora e trabalhar com empreiteiros e pedreiros de modo eficaz para construir a casa dos sonhos.

- E, finalmente, se você trabalha no *atendimento ao cliente*: crie um manual de instruções sobre habilidades básicas de atendimento ao cliente para vender aos empregadores. Faça gravações para os consumidores sobre como trabalhar com funcionários do atendimento ao cliente a fim de resolver problemas de modo eficaz.

Veja bem, a partir desses exemplos que acabei de compartilhar, você pode usar as habilidades que tem agora para gerar uma renda passiva. Não importa quais sejam essas habilidades, desde que gerem valor de alguma maneira. Não fique sentado pensando que não tem nada a oferecer!

Você não só tem a oportunidade de criar a vida com a qual sonha como também tem a capacidade de afetar positivamente a vida dos outros. É esse desejo e a paixão de levar seu conhecimento para aqueles que podem se beneficiar dele que cria a paixão necessária para colocar tudo em movimento. Eu experimentei essa paixão quando jovem, na casa dos vinte anos. Depois de descoberto o caminho para a riqueza, eu queria contá-lo a todo mundo que eu conhecia! Queria compartilhar essas ideias e gritá-las do topo de montanhas – e, nos últimos quarenta anos, foi exatamente o que fiz.

Agora, você pode começar sua própria jornada de descoberta e riqueza. Cada uma é diferente, e seu caminho será tão único quanto você é – mas ele está lá. O seu caminho para a riqueza já existe se você tiver a coragem de encontrá-lo.

Vamos agora para uma rápida revisão do Capítulo 2.

Revisão do Capítulo 2

- Encontre algo pelo qual você seja apaixonado e use essa paixão para realizar seus sonhos.
- Deixe de lado a *atitude da média.*
- A sua atitude é uma combinação de seus pensamentos, sentimentos e ações.
- Tenha cuidado com as coisas às quais você expõe a sua mente.
- Não subestime o poder dos seus sistemas arraigados de crenças.
- Você deve persistir na criação de novos pensamentos a fim de evitar cair de volta em seus antigos padrões negativos.
- Acredite que, neste momento, você tem as habilidades para gerar valor e criar uma renda passiva.
- Não espere – decida entrar no seu bote e comece a remar!
- Investigue múltiplas fontes de renda.

Capítulo 3

Não seja um figurante em seu próprio filme

Eu sempre fui fascinado pelo estudo do potencial humano. Simplesmente não há como você dizer o que uma pessoa pode ser capaz de alcançar apenas olhando para ela. Alguns alcançam feitos extraordinários apesar de adversidades quase inimagináveis. Outros sofrem tragédias terríveis, mas emergem como seres humanos competentes e confiantes. E alguns parecem terem sido privados de qualquer vantagem possível na vida e, no entanto, emergem como símbolos significativos de triunfo.

Pense em Helen Keller: cega e surda antes de completar dois anos de idade, ela se tornou uma defensora engajada dos direitos das pessoas com deficiência. Joana d'Arc liderou homens em uma época em que as mulheres que desafiavam as autoridades eram queimadas na fogueira. Bill Gates abandonou a faculdade, mas mudou o mundo e ajudou a inaugurar a era do computador. John F. Kennedy estimulou uma nação e a impulsionou para a Era Espacial com nada mais do que a visão de fazer o homem pousar na Lua. Martin Luther King inspirou uma revolução social que provocou mudanças sem o uso da violência em um segmento da população que tinha sido oprimido por gerações.

O que você diria se eu lhe dissesse que você tem exatamente o mesmo potencial que qualquer uma dessas grandes pessoas para mudar o seu próprio mundo? Você acharia difícil de acreditar, tenho certeza. Mas se eu o levasse pelas ruas de quase qualquer cidade do mundo e apontasse uma pessoa sem-teto, você acharia que tem mais potencial para realizações do que ela? Provavelmente sim. Se eu apontasse um de seus colegas de trabalho, você consideraria seu potencial pelo menos igual, se não melhor, do que o dele? E se estivéssemos em Nova York e víssemos Donald Trump passar rapidamente em sua limusine? Você acharia que tem o mesmo potencial que ele? Provavelmente não.

Por quê?

É um condicionamento simples. Nós temos a tendência de julgar o que uma pessoa pode ou não alcançar por meio de seus resultados atuais. Se os resultados atuais dela são ruins, presumimos então que ela sempre será pobre. Se os seus resultados atuais são o que você considera algo médio, então é fácil projetar que você sempre fará parte da média. Ao ver alguém incrivelmente rico, é óbvio que vamos esperar que ele tenha o maior potencial de todos, porque os resultados dele são muito bons.

Nós jogamos esse jogo comparativo em nossa cabeça e decidimos onde nos enquadramos. Mas, como já discuti, os seus resultados atuais não têm absolutamente nada a ver com o seu futuro. *Eles são completamente irrelevantes.* A percepção de que você é menos do que qualquer outra pessoa que anda neste planeta é ridícula. Você é igual a qualquer outra pessoa nesta Terra, e elas são iguais a você. Não há escassez de sucesso ou riqueza. Há uma oferta abundante para satisfazer a todos. Isso significa que *cada pessoa tem o mesmo potencial.* As únicas diferenças são as que percebemos em nossa mente.

Isso é especialmente perceptível em crianças. Quando crianças pequenas começam a frequentar a escola, elas acreditam no que lhes é dito. Se lhes disserem que são lentas ou estúpidas, elas acreditam nisso – mesmo que seja completamente falso. Se lhes disserem que são brilhantes e talentosas, então elas acreditam nisso – e seu desempenho aumenta para atender a essa expectativa.

O que você acredita sobre si mesmo e seu potencial decorre de uma miscelânea de experiências e declarações que recebeu quando criança. Você não tinha escolha a não ser acreditar nelas. A sua mente consciente não era treinada e era incapaz de filtrá-las, então seu subconsciente as aceitou como fatos. A menos que tente especificamente mudar essas crenças, você continuará acreditando nelas, não importa o que aconteça. A fim de alcançar grandes coisas, você tem que acreditar que tem o mesmo potencial que todas as outras pessoas têm – e você deve se comprometer a desenvolver esse potencial.

Seja um original

Como Ralph Waldo Emerson disse uma vez: "Chegará um momento na educação de cada pessoa em que ela perceberá que a inveja é ignorância e a imitação é suicídio". Eu de fato penso que isso se aplica diretamente qualquer um que queira viver uma vida próspera.

Por quê? Bem, uma das maiores coisas que você tem que aceitar é que você tem o mesmo potencial que qualquer outra pessoa. E se for esse o caso, que razão você poderia ter para invejar outra pessoa? Se o seu potencial é o mesmo, então seus resultados também podem ser os mesmos.

Quando eu comecei a estudar como a riqueza era alcançada, essa foi uma das primeiras lições que aprendi. Se você quer os mesmos resultados que as pessoas ricas, então deve agir para criar esses resultados você mesmo!

Emerson também diz que "imitação é suicídio". E é verdade. Cada pessoa que alcança grande riqueza o faz de uma maneira ligeiramente diferente. Elas são pessoas únicas com paixões únicas – assim como você é. Você não pode simplesmente duplicar as ações de outra pessoa e esperar alcançar o sucesso dela, porque o caminho para a riqueza é a paixão, e a paixão, como sabemos, é tão única e individual quanto cada pessoa neste planeta. É por isso que você precisa encontrar *a própria paixão pessoal* para criar riqueza.

Espero que isso seja uma espécie de alívio. Basta pensar: você não precisa ser um magnata do setor imobiliário como Donald Trump para alcançar riqueza – ou um orador público internacional, como eu. Eu sei disso por experiência própria. Conheço muitas pessoas que tentaram fazer exatamente o que estou fazendo. E sabe de uma coisa? Nunca me sinto ameaçado por isso. Na verdade, fico feliz em revelar a elas cada pequeno detalhe de como faço o que eu faço.

Muitas vezes, depois de alguns meses de tentativas, elas voltam (às vezes um pouco irritadas) e querem saber o que eu deixei de fora. Elas não conseguem entender por que seus resultados têm sido tão ruins sendo que estão imitando exatamente o que eu faço. Mas, como acabamos de apontar, o que está faltando não é algo que eu deixei de fora – é algo dentro delas. Não importa o quão similarmente me imitem, elas não podem criar a paixão que tenho pelo que faço. É por isso que você tem que encontrar a própria paixão – aquela coisa que o inspira a pular da cama todos os dias, ansioso pelo desafio.

Sabendo que você tem o potencial de criar qualquer vida que escolher, como você pode justificar a troca de tempo por dinheiro agora para viver a vida que realmente quer no futuro? Como você pode dizer que seu tempo vale vinte dólares por hora ou mesmo quarenta dólares por hora? O seu tempo vale uma quantidade ilimitada! Ao atribuir a ele uma quantia artificial em dólares, você se torna o arquiteto de seu próprio fracasso. Milhares de pessoas em todo o mundo podem entender e concordar que têm potencial, mas quantas realmente se encarregam de sua vida e fazem algo a respeito? Fico triste em dizer: muito poucas.

A maioria de nós pode compreender a possibilidade de mudança em nossa mente, o que é bastante diferente de se comprometer com isso – se comprometer a superar sua programação e suas crenças que foram infundidas em você toda a sua vida. Mas, a menos que você o faça, a situação permanecerá igual: uma possibilidade e um potencial não realizados. Isso o coloca de volta onde começou: a emoção logo se transforma em apatia, e a apatia o manda de volta para o mesmo velho emprego todos os dias.

A sua vida reassume sua rotina penosa. Ela te convence de que você precisa de algum tempo de inatividade, que deve passar esse tempo jogado na frente da televisão assistindo a dor, sofrimento e ideias negativas por horas a fio. Isso leva você à apatia. E a apatia é como uma droga sádica que amortece sua mente, impedindo-o de querer mais. Ela o convence de que você está bem como está. Ela é amiga da média e, como tal, inimiga mortal da verdadeira riqueza.

A lei da atração

Nos últimos anos, a *lei da atração* recebeu muita atenção. E por que não receberia? A ideia de que você pode atrair o que quer para a sua vida é, bem, muito atraente, não é?

No entanto, você precisa entender que a *lei da atração* está – e sempre esteve – em ação em sua vida. Você só não sabia. A explicação básica dessa lei é que tudo em nossas vidas é atraído a nós por nossos pensamentos. A *lei da atração* está sempre em ação: tudo o que nos acontece – bom, ruim ou indiferente – é porque atraímos para nós mesmos, mesmo que nunca entendamos o porquê.

Digo isso pois, muitas vezes, me perguntam por que eventos ruins ou catástrofes ocorrem. Para ser honesto, eu não sei. Mas posso lhe dizer que você tem a capacidade de atrair eventos bons e positivos para a sua vida, se assim escolher. Já citamos o poder que seus pensamentos e crenças têm e como eles afetam sua mente. A *lei da atração* lida com a maneira como esses pensamentos afetam o mundo ao seu redor.

Pode parecer simples. Mas exige uma dose pesada de responsabilidade pessoal. Para atrair os resultados positivos e a riqueza que deseja, você deve primeiro entender e aceitar que tudo o que aconteceu até agora você também atraiu – é tudo de sua responsabilidade, e de mais ninguém.

Poucas pessoas estão dispostas a fazer isso. Mais comumente, elas preferem culpar os outros, ou o destino, enquanto afastam a ideia de que seus próprios pensamentos e crenças são responsáveis por seus resultados atuais.

A *lei da atração* é, na verdade, uma das *leis da vibração*, que dizem que tudo é energia, e que a energia está constantemente se movendo ou vibrando. Isso é verdade para objetos físicos, que vibram em um nível atômico, bem como para a energia criada por seus pensamentos. Toda vez que pensa em algo, você está colocando energia em movimento. A energia atrai mais energia do mesmo tipo. Assim, os pensamentos positivos são ímãs para mais energia positiva, enquanto os pensamentos negativos, bem, eu não tenho que dizer isso mais uma vez, não é?

É importante ter isso em mente, porque a *lei da atração* não tem a capacidade de discriminar – ela pode criar bons ou maus resultados em igual medida. Ela não tem opinião, simplesmente lhe dá o que você se concentra em querer. E isto é importante: ela não lhe dá o que você diz que quer, *mas no que você se concentra.*

Você se lembra de antes, quando eu lhe disse que você deve se concentrar no que deseja que aconteça, em vez de se concentrar e se preocupar com algo negativo, como todas as contas que tem que pagar? Isso é importante por causa da *lei da atração*. Quanto mais você se preocupa com esse tipo de coisa, mais se concentra em seu medo de não ganhar dinheiro o suficiente. E é provável que isso o leve exatamente aonde você não quer ir... para a insolvência, ou pior.

Ao se concentrar em criar mais riqueza, você atrairá as soluções e respostas que fornecerão mais renda. Assim, o que você praticou – não se preocupar em como pagar essas contas – simplesmente se tornará uma realidade.

Então, com certeza, queremos usar a *lei da atração* a nosso favor, e não para o nosso prejuízo. Mas, primeiro, precisamos dar uma boa olhada em nossos resultados atuais. Não estou dizendo que você deve se sentir mal com eles, especialmente porque sabemos que se sentir mal com algo apenas irá atrair mais do mesmo. Não, você deve fazer o melhor que puder para dar uma olhada objetiva. Pergunte a si mesmo que tipo de amigos você tem atualmente. Que tipo de colegas de trabalho? Como você se sente em relação ao seu nível de renda? Como está o seu negócio?

À medida que as respostas a essas perguntas passarem pela sua mente, anote-as. E certifique-se de escrever a primeira resposta que aparecer na cabeça – não aquela amenizada, que foi racionalizada e justifica os resultados que você não quer.

Então, ao olhar para a sua lista, perceba que essas ideias são responsáveis por programar seus resultados na vida até agora. Cada resultado da sua vida é atraído para um pensamento e uma crença específicos que você tem. Os seus pensamentos iniciais são um reflexo de suas crenças subconscientes, e foi isso que atraiu essa realidade atual para sua vida.

É bastante comum que as pessoas que tentem fazer esse exercício descubram que não gostam dos pensamentos e das crenças revelados. Mas dê um passo para trás. Reconheça que eles são apenas um reflexo do que tem acontecido em sua vida, e que você tem a capacidade de mudá-los se quiser. É por isso que eu gasto tanto tempo falando sobre como mudar sua mentalidade e levar pensamentos positivos para o seu subconsciente – é a partir deles que a *lei da atração* opera.

Infelizmente, muitas pessoas que leem essas informações sobre a *lei da atração* ainda obtêm os mesmos resultados na vida. Não importa quantas vezes eu fale com o público ou compartilhe meus pensamentos por meio de meus livros, áudios ou programas de coaching, muitas pessoas ainda exibem os mesmos resultados ano após ano – até mesmo década após década! É uma coisa triste e terrível de se testemunhar. Eu sei que elas entendem o que eu lhes disse. Elas sabem, no fundo do intelecto, que isso possui um sentido lógico. Provavelmente já ouviram isso várias vezes não apenas de mim, mas de muitos outros que entendem o poder dessa lógica. Mas seus resultados indicam que elas na verdade nunca a entenderam a ponto de incorporá-la em suas vidas.

Por quê? Bem, muitas vezes, as pessoas param nesse primeiro passo – olhar para os seus resultados. Assumir a responsabilidade por uma vida da qual não gosta e reconhecer que você a criou pode ser de partir o coração. Poucas pessoas têm a força necessária para trabalhar aquela antiga programação. Dói olhar para um resultado decepcionante e aceitar a culpa por isso. Então, deixam isso de lado e evitam o problema. Mas o que elas não levam em conta é que ainda continuam invocando a *lei da atração* – você não pode desligá-la; de um modo ou de outro, ela está sempre funcionando. E ao deixar a decepção de lado, essas pessoas estão alimentando a *lei da atração* de uma maneira negativa e destrutiva.

Você tem que se comprometer a ser um daqueles que estão dispostos a aceitar sua situação como autocriada, e tem que se comprometer a usar a *lei da atração* para ajudá-lo em sua busca pela riqueza. Depois de pensar cuidadosamente onde você está e de assumir a responsabilidade pelos resultados que produziu, você está pronto para seguir em frente.

Talvez você já tenha tentado escolher as ideias e os pensamentos que trariam uma vibração positiva, mas ainda não fez nenhum progresso.

Esteja muito atento às influências externas: cada pessoa com quem você passa tempo, tudo o que você vê e ouve na televisão e até mesmo conversas aleatórias, ouvidas por acaso... tudo tem sua própria vibração. Se você se associa a pessoas com uma vibração negativa, fica difícil escolher ideias positivas de modo constante.

Se você tem um amigo ou um membro da família que está sempre jorrando uma ladainha de pensamentos negativos – reclamando do trabalho, dos relacionamentos, da falta de dinheiro –, então isso vai dificultar sua capacidade de projetar o positivo. Quantas vezes notou que, depois de estar com essa pessoa, você se sente fisicamente esgotado? E a verdade é que você fica mesmo – ela sugou a sua energia positiva diretamente de você!

Você pode corrigir isso, mas será preciso ficar longe de pessoas negativas como essa. É evidente que nem sempre podemos escolher nossos sócios – e nunca nossas famílias! –, então simplesmente evitá-los nem sempre é possível. Portanto, a melhor maneira de se proteger é não se deixar ser envolvido emocionalmente por essa energia negativa. Recuse-se a lamentar. Não seja rebaixado junto a elas. Isso pode diminuir o impacto desses pensamentos negativos, e permite que seus pensamentos positivos brilhem!

Haverá sempre a ameaça de que influências externas misturem energias opostas ou discordantes às suas. Caso você se permita ser envolvido emocionalmente nessas influências, então a vida próspera que quer irá evaporar no ar. Você deve ser firme para mudar seus resultados e muito determinado para proteger sua mente de pensamentos negativos.

Volte às primeiras perguntas que fiz sobre sua vida e sua renda. Analise suas respostas. De onde essas ideias se originaram? De algo que ouviu ou pelo que passou na infância? São as palavras de um professor, um pai ou de uma outra pessoa que o influenciou? São o resultado de uma discussão com um chefe, cônjuge ou ex-cônjuge? Você quer continuar a permitir que os pensamentos e ideias dessas pessoas controlem os seus resultados?

Em algum momento, até mesmo as crianças pequenas se rebelam contra as instruções que lhes são dadas pelos adultos. Eu vi isso acontecer em um restaurante com uma garotinha que estava sendo instruída a comer algum tipo de vegetal do qual obviamente não gostava. Cada vez que sua mãe tentava fazer com que ela desse uma mordida, a resposta da garotinha era a mesma: ela cruzava os braços, cerrava os dentes e dizia "você não manda em mim!".

Quando você pensa nas influências externas que têm ocupado a sua mente durante a maior parte de sua vida, esta é uma ótima resposta: *você não manda em mim*! Você pode escolher mudar e rejeitar essas velhas ideias, mas é preciso uma vontade teimosa e obstinada, além de determinação, para que isso aconteça. Assim como aquela garotinha que estava determinada a não permitir que uma garfada sequer passasse por seus dentes travados, você deve ter esse tipo de tenacidade para mudar seus pensamentos.

Até que reconheça de onde vieram os pensamentos que criaram seus resultados e resolva mudá-los, você não fará muito progresso em direção a uma mentalidade próspera. Uma vez entendidos, é preciso um forte comprometimento para ver essa mudança. Isso requer muito mais do que um desejo ocasional ou uma resolução de ano-novo. É preciso um comprometimento firme. Mas esse comprometimento é apenas o ponto de partida.

Em suas marcas, preparar...

Você está agora no ponto de partida e pronto para correr. Mas precisa saber onde está a linha de chegada. Você deve ter uma imagem muito nítida em sua mente do lugar para onde está indo. Se não fizer isso, sua vibração não terá ideia de em que se concentrar. Eu já vi isso acontecer muitas vezes: quando a finalidade não é nítida, os resultados carecem de brilho, na melhor das hipóteses.

Isso pode levá-lo a cometer o erro de pensar que nenhuma dessas ideias está funcionando. Na pior das hipóteses, pode justificar seu recuo para uma vida menos do que extraordinária: você acha que está fazendo tudo certo, mas a riqueza pela qual esperava não está chegando. Pior: você não está vendo nem a sombra dela! Então você aceita o fracasso e pensa em desistir de tudo.

Mas espere! Você tem, sim, comprometimento, você tem a inteligência e você aprendeu a se concentrar no positivo. O que está acontecendo, então? Você não criou uma ideia realmente concreta do que quer. É como correr sem uma linha de chegada – você apenas continua avançando sem parar. Por fim, você se desgasta! Isso descreve sua situação atual? Então volte à primeira técnica de que falei no Capítulo 1. Visualize o que quer com o máximo de detalhes possível.

Escreva – utilizando o tempo presente – como será o seu negócio quando você atingir o seu objetivo. Você pode dizer: "Estou tão feliz e grato agora que ganho milhares todos os dias gerando valor e qualidade aos meus clientes". Mantenha o texto positivo e concentre-se no que você quer, não no que não quer. Você pode dizer: "Eu ganho facilmente mais do que o suficiente para pagar minhas despesas e sustentar a minha família", não "Eu não fico sem dinheiro antes do final do mês".

Ao imaginar a nova vida próspera, imagine a casa em que você mora. Imagine como se estivesse realmente andando pela casa e mostrando-a a alguém. Observe as madeiras de qualidade e os pisos lindamente tingidos, os tapetes fofos e as bancadas de granito. Observe cada detalhe, desde o arranjo de exóticas flores frescas na mesa até o conjunto de cristal no armário.

Agora faça o mesmo com o seu negócio. Se você imagina trabalhar de casa, imagine um escritório que tenha tudo do que você precisa ao seu alcance. Imagine ser capaz de sair para o jardim e fazer uma pausa para o café ou pegar seus filhos na escola. Esse tipo de detalhes permite que você se envolva emocionalmente com a nova imagem que está criando agora.

Revisite diariamente tal imagem em sua mente. Isso é de extrema importância: a cada dia, imagine algum novo cenário que faça parte desse resultado – talvez uma reunião internacional de negócios em que você discuta levar seu conceito para todo o mundo ou a compra de uma nova casa de férias em uma ilha caribenha. Imagine os dedos dos pés na areia enquanto você vê, ouve e cheira as ondas que borbulham na bela costa.

Você pode até incluir outras pessoas à sua imagem – seus pais, talvez. Imagine comprar-lhes uma casa dos sonhos ou levá-los em um daqueles cruzeiros em que só se vai uma vez na vida. Pense em como será a sensação de usar a nova riqueza para ajudar os outros. Anote esses sentimentos e apegue-se firmemente a essa emoção. Escrever descrições das imagens faz com que você pense e, à medida que pensa, você cria imagens novas e mais complexas. Isso mexe com as emoções, e emoções são expressas em ação. A ação configura uma reação e, assim, altera sua circunstância, o seu ambiente e as condições em sua vida. Não se trata de um feitiço milagroso. É só a *lei da atração.*

Quanto mais você se concentrar na construção dessa nova imagem, mais rápido seus resultados reais começarão a se igualar a ela. Quanto mais atenção e foco você der a essa imagem nova e vibrante, mais rápida será a expansão da vibração energética. Essa energia é altamente carregada e vibra a uma taxa crescente. O aumento amplifica seus pensamentos, trazendo resultados melhores, mais rápidos e mais completos. Toda vez que você nutre essa imagem, está colocando a energia em movimento. Você está imprimindo uma imagem na mente subjetiva e criando percepção e emoção. Essa vibração entra em ação – não há como evitar. Mas agora a ação é criar os *resultados que quer*, não os que não quer.

É importante entender que isso não acontece da noite para o dia. Eu digo às pessoas que talvez demore pelo menos trinta dias antes que alguma coisa aconteça, e mesmo assim pode ser algo pequeno. É evidente que, não raro, ouço falar de pessoas que apenas em alguns dias experimentam resultados imediatos. Talvez seja o seu caso, mas entenda que geralmente leva tempo. Isso não tem nada a ver com sorte, mas com conscientização. Cada pessoa tem uma programação diferente e uma quantidade ou potência diferentes de velhas crenças a serem superadas antes de obter uma consciência de riqueza e uma mentalidade próspera. Por essa razão, o caminho e a experiência de cada um são diferentes – e assim também é o tempo que a mudança leva para se manifestar.

A boa notícia é que, uma vez que você começa a construir essa nova imagem, você não quer voltar – não quer se contentar com menos do que aquilo que sua mente está imaginando e acreditando agora. A sua consciência já se expandiu para esse novo lugar, e você criou um apego emocional a ele. Isso o encoraja a continuar a avançar. Portanto, mantenha essa imagem firmemente em sua mente e não se permita desanimar. Lembre-se de como a mente se apega às ideias. Tal como acontece com um membro amputado, muitas vezes leva tempo para convencê-la de que as coisas mudaram!

Velhas crenças são muito fortes. Isso ocorre porque elas são uma combinação de memórias, dor e emoção, bem como fotos de pessoas, lugares e eventos. Não é apenas um hábito negativo de pensamento – essas crenças possuem multicamadas e são complexas. Não são apenas pensamentos únicos, mas parte de todo um grupo de hábitos que apoiam esses pensamentos. É por isso que os programas de "pensamento positivo" não funcionam. Você não pode aplicar uma solução unidimensional a um problema multidimensional. Você deve usar todas as técnicas que eu descrevi – apenas uma ou duas não funcionarão. Elas devem ser usadas juntas.

Mesmo que todo o processo possa levar mais tempo do que você quer ou que acha que deveria levar, ele irá acontecer. Eu garanto que você começará a notar mudanças em sua vida e em sua capacidade de atrair oportunidades de riqueza. À medida que começa a ver pequenas diferenças e mudanças aqui e ali, você se envolverá ainda mais emocionalmente na missão de fazer essa realidade acontecer. E é aí que você precisa manter o seu entusiasmo em alta e renovar o compromisso de criar uma mentalidade próspera.

Assim como acontece com qualquer objetivo na vida que você realmente quer alcançar, a princípio será preciso investir uma grande quantidade de recursos pessoais, incluindo tempo. Mas você já sabe disso. Aposto que pode pensar em uma ou duas realizações em sua vida que exigiram muito tempo e comprometimento intenso e focado. Quando você começou, não era nada confortável – na verdade, pode até ter sido doloroso. Você provavelmente teve que desistir de outras coisas para manter o comprometimento. Mas você queria essa coisa muito mais. Ansiava por ela. Então, você continuou.

Isso é conhecido como repetição disciplinada. No fim, você está tão focado em seu objetivo que para de pensar no que está deixando para trás e vai em busca de seu alvo. Ele se tornou a prioridade em sua vida, e você está determinado a alcançá-lo.

Pense em sua rotina diária agora. Há lacunas de tempo que você reservou para coisas que já considerou serem importantes. Elas são tão importantes quanto desenvolver uma mentalidade nova e próspera? Se a sua resposta for sim, qual a probabilidade de você dedicar o tempo necessário à sua nova vida? Se está realmente comprometido em mudar para melhor, você mudará suas prioridades e dedicará às novas o tempo que for necessário.

A cada nova imagem específica ou nova crença positiva incorporada, você notará que outras áreas de sua vida também melhoram. Elas se beneficiam do transbordamento de energia positiva. Você também começará a inspirar outras pessoas que testemunham sua transformação, especialmente aquelas próximas a você. A maneira como vive sua nova vida trará mudanças positivas para você, mas sua família e as gerações futuras também se beneficiarão à medida que aprendem com seu exemplo. Essa é outra ótima razão para não esperar sequer um dia a mais!

Muitas vezes ouço as pessoas falarem sobre "algum dia" como o lugar onde seus sonhos finalmente se tornarão realidade. Mas eu sei que esse "algum dia" é um assassino de possibilidades e um destruidor de sonhos. Postergar é perder tudo o que a vida tem a lhe oferecer. As decisões que você tomar agora determinarão os seus resultados futuros. Se você postergar a mudança que precisa efetuar, e isso se tornar o seu modo de ser, então eu posso garantir que esse "algum dia" nunca virá.

Sina e seu irmão destino

A ideia de que sua vida é predeterminada e não pode ser mudada é um debate teológico comum. É óbvio que, se isso fosse verdade, não teríamos o poder de escolher, mas temos. As pessoas muitas vezes usam as ideias de sina ou destino para se livrarem da responsabilidade pelos próprios resultados. É mais fácil culpar uma entidade ou força externa do que assumir a culpa você mesmo. A maioria das pessoas entendem a "sina" como algo estático – como se houvesse uma mensagem escrita nas estrelas que diz: "É assim que vai ser e não depende de mim". Não me espanta que uma vida passiva se desenvolva a partir dessa atitude, em que as pessoas esperam que a sua sina as encontre e as coisas simplesmente "aconteçam". É muito parecido com esperar por aquele navio que vai levá-lo embora da ilha.

Muitas pessoas vivem a vida pensando que a sina virá e as ungirá com riqueza, se assim tiver de ser. Frequentemente, os anos se passam antes que elas percebam que em todo esse tempo não experimentaram nada – parece que dormiram enquanto os dias corriam, em uma rotina monótona de trabalho, almoço, jantar, lazer ocasional, televisão e descanso. Cada dia sendo a mesma rotina chata, até que se tornam meses e os meses se estendem em anos.

Esses mesmos indivíduos muitas vezes lutam para sobreviver. Já que esperam sentados que algo – qualquer coisa – aconteça, fica fácil adotar a mentalidade de que a riqueza é algo que "simplesmente não era para acontecer" no caso deles. Desistem de melhorar suas circunstâncias, e seu padrão de vida entra em uma espiral decrescente. São empurrados por eventos que atraíram com sua atitude negativa, e a vida deles se torna, aos poucos, cada vez pior.

Essas pessoas estão de fato trancadas dentro de sua *prisão da percepção*. Um filme do qual eu particularmente gosto se chama *Um sonho de liberdade*. Uma ideia com a qual esse filme trabalha é a noção de que os prisioneiros, ao longo do tempo, se tornam "institucionalizados". Isso significa que eles passam a aceitar a cela e a vida na prisão como sua casa, a prisão como o único lugar a que pertencem. O sonho de se verem livres morre. Se são libertados, eles cometem um crime apenas para serem enviados de volta. Os prisioneiros se tornam tão acostumados com a vida limitada dentro das paredes de uma cela que o mundo exterior parece estranho e assustador.

As pessoas que escolheram viver dentro dos limites de suas antigas crenças experimentam algo muito semelhante. Isso é mais evidente quando alguém apresenta uma nova e animadora possibilidade ou oportunidade a elas, que irão imediatamente rejeitar a ideia e se afastar o máximo possível dela. Se aceitarem que podem ter uma vida melhor, ou que a sua situação atual é de sua responsabilidade, então elas não serão capazes de seguir a vida da maneira que sempre fizeram.

Muitas pessoas vivem em uma prisão mental tão forte e confinante quanto as grades que prendem alguns. Elas têm toda a liberdade do mundo, mas não exercem nada disso porque têm medo de acreditar, como um prisioneiro, que uma vida melhor *pode* ser delas. Preferem acreditar que, para elas, isso não é possível, e que alguma força externa, como a sina, é responsável.

Por quê? Porque é preciso coragem para mudar sua vida. É preciso esforço e comprometimento para quebrar os velhos padrões, mudar velhos hábitos e reconstruir seu processo de pensamento. É mais fácil ficar onde você está, culpar a sina e dizer a si mesmo: "Não, isso é muito difícil. Quem sou eu para pensar que posso fazer isso acontecer? E se eu falhar? Neste momento, tenho *alguma coisa*. Talvez não seja a vida que eu quero ou mesmo uma da qual eu goste – mas ela é minha, e eu não quero perder o que tenho".

A ideia de destino não é muito diferente. Como alguém pode ser destinado à riqueza ou à prosperidade? Quase soa como um direito de nascença concedido a alguns poucos escolhidos com o toque de uma varinha mágica. Porém, as pessoas ricas, aquelas que preservam e aumentam sua riqueza, assim o fazem por meio do trabalho, e não por terem sido presenteadas pelo destino.

É possível ver como isso é verdadeiro por meio das pessoas que herdam riquezas. Muitas vezes, se a riqueza lhes é entregue e elas nunca souberam como lidar com isso, simplesmente desperdiçam o dinheiro em frivolidades inúteis. Elas não obtiveram uma mentalidade próspera – isso definitivamente não é herdado!

A riqueza só virá por meio do aprendizado de como pensar de modo próspero e da aplicação dos princípios de atração e energia positiva. Gary Player, um dos melhores jogadores de golfe de seu tempo, disse certa vez: "Quanto mais eu trabalho, mais sorte tenho". Ele sabia que não havia magia ou destino envolvido, não importa o que pudesse parecer aos observadores externos.

Alguém que parece acumular riqueza facilmente não tem sorte. Ele não tem o destino ao seu lado e não está destinado a ser rico. Ele apenas desenvolveu a mentalidade e a habilidade que permitem isso *parecer* fácil. Comprometa-se agora a fazer o que for preciso a fim de desenvolver uma mentalidade próspera para si mesmo, e os seus esforços trarão a recompensa que você procura.

Cada um de nós nasce com uma medida igual de potencial, e a riqueza é um direito de nascença de todo mundo. Isso não diminui com o tempo, portanto, não importa quantos anos tenha, você ainda pode aproveitar a abundância infinita que sempre foi sua. Na verdade, quanto mais experiências tiver, mais valor você pode gerar para os outros. Conheci inúmeras pessoas que tiveram várias carreiras ao longo da vida, e este é um ótimo recurso do qual extrair ideias quando está procurando maneiras de criar algo que possua valor.

Nada acontece por acaso ou por acidente. A vida que você levou até este ponto pode não ter produzido os resultados que você gostaria, mas pode fornecer as sementes para o seu futuro enquanto busca por sua paixão. Você não se arrasta pela vida esperando o melhor. Você pode planejar ativamente seu futuro e visualizá-lo.

Muitas pessoas ficam surpresas com a sensação de empoderamento que recebem quando aceitam a responsabilidade e param de culpar a sina e o destino por seus resultados. Elas passaram tanto tempo flutuando pela vida, sem noção de aonde querem ir, que visualizar essa linha de chegada é uma poderosa nova sensação. A sua vida está completamente sob seu controle e os eventos que escolhe experimentar são o que fazem de você um indivíduo único. O seu novo senso de empoderamento permitirá que você aproveite esses eventos mais plenamente à medida que percebe que os criou e agora tem a capacidade de criar e realizar o que desejar.

Revisão do Capítulo 3

- Pare de comparar os seus resultados com os resultados dos outros.
- Os seus resultados atuais são completamente irrelevantes.
- Seja único – você não pode imitar a paixão de outra pessoa.
- O seu tempo é inestimável.
- A apatia é amiga do comum e inimiga da verdadeira riqueza.
- Você deve aceitar a responsabilidade por seus resultados atuais.
- A *lei da atração* não julga – ela lhe dá aquilo em que você se concentra.
- É preciso muita coragem para mudar a sua vida.

Capítulo 4

Propósito, visão, objetivos

Pessoas ricas fazem o que amam. Eu disse isso várias vezes. Por quê? Porque é verdade. Se planeja se juntar a elas, você tem que abraçar o que ama. Como um indivíduo único, você tem talentos e habilidades específicas que ninguém mais tem. Você também tem seus próprios gostos e desgostos.

À medida que passa pela vida, você tenta coisas novas. Descobre que há algumas pelas quais é atraído e nas quais se destaca. Isso começa na infância, quando cada um de nós começa a se diferenciar dos outros. Algumas crianças são atraídas pela música, enquanto outras podem ter afinidade com a arte. Outras ainda podem preferir contar histórias, enquanto seus colegas de classe são fascinados por números. Você nasceu com um conjunto único de dons e talentos. Eles são geneticamente implantados em sua mente. Esses talentos são descobertos à medida que você cresce e avança na vida.

O seu propósito na vida será extraído desse conjunto único de dons e talentos. Esse propósito é aquilo que o diferencia e justifica a sua razão de existir. É algo tão único quanto uma impressão digital que só você pode descobrir. Pense nisto: a mistura exata de talento e propósito que define quem você é nunca foi vista em nenhuma outra pessoa que já existiu! Ideias novas e inovadoras brotam desse recurso em você. É por isso que ainda fazemos novas descobertas todos os dias.

O seu propósito é muito parecido com um sistema de orientação interna. Ele direciona suas ações e seus pensamentos e os coloca em foco a fim de criar a vida que você deseja. Mas nem todo mundo sabe o próprio propósito. Talvez nunca tenham pensado sobre isso ou cogitado que têm um propósito! Mas têm. Se você não conhece o seu propósito, pode sentir que está vivendo meio sem rumo. Você se apressa de um ponto a outro tentando uma coisa, e depois outra, na tentativa de tornar sua vida o que você quer que ela seja. Mas, sem um propósito para guiá-lo em seus esforços, você está apenas gastando os pneus à toa, e não realmente chegando a algum lugar.

Você pode se sentir preso, entediado e desconectado do que está acontecendo em sua vida. A cura para essa desconexão é descobrir o seu propósito. Você deveria começar olhando para as atividades que ama e em que é bom. O que não significa que deve ignorar ou desqualificar qualquer um dos seus talentos. Quantas vezes você já ouviu alguém dizer: "Bem, eu sou um artista, mas preciso conseguir um emprego de verdade" ou "Eu gosto de cantar, mas é apenas um hobby" ou "Eu gosto de conversar com as pessoas, mas não se pode ganhar a vida fazendo isso".

Você frequentemente ouvirá as pessoas dizerem o que amam apenas para que rejeitem seus dons como hobbies ou diversões inúteis. Não é verdade. Você pode gerar riqueza a partir de praticamente tudo! É um erro supor que, só porque você gosta de algo, não pode transformá-lo também em seu sustento. Depois de definir muito bem qual é o seu propósito, você nem precisará tentar descobrir como ganhar dinheiro. As ideias fluirão, como se alguém as estivesse sussurrando em seu ouvido. Tudo vai se encaixar lindamente.

Falamos antes sobre a imitação ser mortal porque você não pode imitar a paixão de outra pessoa. O segredo para encontrar o seu propósito é seguir a *sua* paixão. Olhe para as atividades que você faria sendo ou não pago. Pense naqueles momentos em que estava tão envolvido em algo que as horas voaram quase despercebidas. É aí que você procura o seu propósito. E não deveria ser tão difícil encontrá-lo. A resposta surgirá em sua mente quase que de imediato. O problema ocorre quando você descarta já de cara as ideias por causa de suas antigas crenças. Uma delas é o mito de que você não pode ganhar a vida fazendo o que ama. Obrigue-se a não desqualificar nenhuma ideia que venha à mente. Faça uma lista de todos os pensamentos que chegam a você enquanto procura as coisas de que gosta.

Outra crença ou razão que pode fazer com que você reprima ideias válidas é a de que você já está no caminho. Você já tem uma quantidade significativa de tempo, dinheiro e energia investidos na direção em que está indo agora. Você diz a si mesmo: "Como posso mudar de rota agora?". Se você considerar que seu caminho atual pode não ser seu verdadeiro propósito, perceberá que isso pode exigir uma mudança completa de ocupação. O que pode ser bastante difícil, se você tem trabalhado muito duro para obter a educação e a experiência necessárias à sua ocupação atual. Muitas vezes parece quase um desperdício "jogar tudo fora".

Pense nisso por um momento. O que significa jogar tudo fora? Significa que você nunca mais se beneficiará de nada do que aprendeu até agora? Não. Significa que você estará pior do que agora? Não. Significa que você está desistindo? Não. Significa que a vida vai mudar? Sim. É a mudança que é mais assustadora. A ideia de que você pode mudar de profissão no meio do caminho é uma grande mudança nas expectativas de sua vida.

No entanto, você deve ver a mudança apenas como isso – uma grande mudança. Você está mudando o curso da sua vida, mas isso não significa que a educação e as experiências profissionais que já possui não o beneficiarão. Também não significa que você será destituído ou colocado em uma posição pior. Eu lhe pergunto: é melhor ir trabalhar em algo que você ama e pelo que é apaixonado ou ficar em um emprego que você mal tolera porque se sente obrigado?

Propósito é o porquê

Quando você descobre aquela ideia que desperta a paixão dentro de você, nunca mais terá que se preocupar em se arrastar para fora da cama de manhã. Você vai saltar de debaixo das cobertas todas as manhãs! Sentirá a alegria e a satisfação de descobrir o que o dia trará. Essa nova ideia irá enchê-lo de energia e ambição, muito parecido com a emoção que se sente em iniciar uma grande nova aventura – só que você sente isso todos os dias!

O propósito é o porquê – por que você faz o que está fazendo. É o motivador básico para a sua vida. Ao começar a descobrir qual é o seu propósito, é importante entender que ele não vem de fora. Você só vai encontrá-lo em você. É uma parte inata do seu ser. Só pode vir de dentro. Não dá para perguntar aos outros qual seria o seu propósito. Tudo o que podem oferecer é a visão que têm de você com base no que acreditam. Assim como você nunca pode imitar a paixão de outra pessoa, outra pessoa não pode adivinhar a sua paixão. Algumas podem até desencorajá-lo de perseguir esse sonho por causa dos próprios medos ou suposições que possuem. Ao olhar para dentro de seus talentos e dons, você deve deixar de lado quaisquer pensamentos negativos ou justificativas "práticas". Não passam de medo disfarçado. Você não pode permitir que moldem o seu futuro.

Esse tipo de busca tem transformado advogados em autores e palestrantes motivacionais e programadores de computador em professores do ensino médio. Há literalmente milhões de pessoas como você, que podem estar frustradas e entediadas com a sua profissão, mas se sentem presas. Elas se sentem como uma engrenagem que nunca para de girar, apenas cumprindo seus deveres enquanto sacrificam os próprios sonhos e desejos.

Quando você cria múltiplas fontes de renda a partir de uma variedade de fontes, isso lhe dá a liberdade de satisfazer esses desejos e vontades sem sacrificar seu padrão de vida ou fugir de suas responsabilidades. É tudo uma questão de escolha. Depois de encontrar o seu propósito, você encontrará uma maneira de cumpri-lo. Você não pode deixar o medo convencê-lo do contrário.

Mas e se você já tentou antes e falhou? Cada pessoa que você vê ou encontra já falhou. Isso inclui você, eu ou qualquer outra pessoa de sucesso. É importante entender que, quando falhamos, não são as nossas intenções as culpadas – é o nosso sistema de orientação que estava desligado. Não estamos em harmonia com o que tentávamos fazer, então simplesmente não funcionou. Nessa situação, é muito tentador pensar em coisas que poderíamos ter feito de outro jeito. Isso é como executar os "e se" ao contrário. E se eu tivesse dito isso, ou feito aquilo? Essa repetição do passado é uma completa perda de tempo. O passado não pode ser mudado. Mas se você vive constantemente em uma mentalidade do que deveria, poderia, teria feito, então isso afetará negativamente o seu futuro.

Vamos voltar ao exemplo de estar encalhado na ilha com um bote. Digamos que você finalmente tomou coragem e subiu naquele barquinho, afastando-se da costa. Você remou e remou o mais forte que pôde, mas a corrente continuava levando-o de volta à ilha. Significa que a terra não existe ou que você estava errado em tentar? Não! Você fez a coisa certa. Você simplesmente foi na direção errada. Agora, quando você pensa em tentar entrar naquele barco e começar de novo, é mais difícil do que foi a primeira vez. Há ainda mais dúvidas e medos a serem superados – afinal, você já falhou uma vez.

Se você já tentou gerar riquezas antes por meio de um determinado negócio ou tipo de investimento e acabou mal, não deve deixar sua mente convencê-lo de que todos os negócios são ruins ou que não são para você. Você tem que perceber que tem a oportunidade de tentar novamente e, dessa vez, permitir que o seu propósito o guie e o direcione. Não deixe que os outros ou que sua própria experiência o convençam a estar satisfeito com uma vida que é menos do que você quer ou merece.

Isso exigirá um pouco de criatividade de sua parte. Muitas pessoas acham esse aspecto difícil. A maioria de nós raramente exerce nosso processo de pensamento criativo. Isso não deveria surpreendê-lo. Somos ensinados desde os nossos primeiros dias na escola a nos conformarmos, em vez de sermos criativos. Temos que levantar a mão para falar, colorir dentro das linhas e andar em fila. Somos ensinados a procurar a resposta "certa" em vez de oferecer soluções criativas. Recebemos ordens e fazemos o que nos dizem ou sofremos as consequências. O que não quer dizer que a escola seja ruim. Afinal, os professores devem manter uma certa ordem. Mas nos mostra como esse hábito de fazer o que todo mundo está fazendo é enraizado em nossa mente.

Isso significa que você, assim como a maioria das pessoas que conhece, fará por hábito o esperado para manter o *status quo*. É preciso um esforço real para mudar ou se libertar dessa vida – mesmo que seja infeliz. Esse treinamento planta a semente para a *atitude da média* que a maioria das pessoas carrega consigo ao longo da vida. Elas não são maravilhosas e não são horríveis – estão na vasta área cinzenta no meio.

Passei décadas da minha vida pensando que não era muito especial. Nada ao meu redor parecia muito diferente do que os outros tinham, e as pessoas sempre me diziam que eu deveria aceitar minhas limitações e me conformar com o que todo mundo fazia. Passaram-se anos até eu perceber que tinha algo que ninguém mais tinha. Eu tinha talentos especiais e maneiras únicas de ver o mundo que eram apenas minhas.

Isso se aplica a você. À medida que se concentra em seus dons únicos, você perceberá o indivíduo tão complexo e espetacular que é. Adicione a isso a capacidade de moldar uma escultura, programar um computador, cultivar plantas saudáveis, cantar belas músicas, calcular colunas de números, falar em frente a grupos de pessoas, escolher roupas e acessórios elegantes, fazer móveis e armários de madeira, ou escrever um romance emocionante. Todos os seus dons específicos e únicos se reúnem para criar uma obra-prima única chamada *você*.

Protegendo a semente

Quando você encontrar o seu propósito, e você vai, é importante entender que não é hora de obter a opinião dos outros. O seu propósito é apenas a direção, e ainda é uma pequena semente que pode ser destruída pelas opiniões alheias sobre o que você deve fazer com ela. Isso aconteceu comigo anos atrás, quando decidi pegar o que havia aprendido e compartilhar com os outros. Eu trabalhava na Nightingale Conant há cerca de cinco anos quando me veio a ideia de que queria fazer exatamente o que meu amigo e mentor próximo, Earl Nightingale, fazia. Mas eu queria fazer isso em meu próprio nome, usando a educação e o conhecimento que adquiri ao longo de todos os anos. Então, peguei um gravador e gravei meus próprios pensamentos sobre crescimento pessoal.

Eu estava empolgado! Percebi que havia encontrado o meu propósito. Esse conceito energizou todo o meu ser. Na minha empolgação, fui procurar um *feedback*. Eu queria que alguém concordasse que esse era o meu propósito, além de uma ideia absolutamente fabulosa. Então, liguei para um bom amigo e disse a ele que tinha uma ótima ideia que queria compartilhar. Peguei a fita e o gravador e levei-os à sua casa, colocando o áudio para tocar. Ele ouviu. Não disse nada nem ofereceu qualquer encorajamento – apenas ouviu. À medida que a fita tocava, a pressão na sala se tornava enorme – ele estava com vergonha de mim. Por fim, eu desliguei o gravador. "Bem, foi apenas uma ideia", murmurei. Não posso dizer o quão deprimido me senti.

Quando saí de lá, havia um turbilhão de dúvidas e medos em minha mente que não estavam ali antes. Os "e se" se aglomeraram. E se eu estiver apenas me enganando? E se eu de fato não levar jeito para isso? E se eu tentar e meu público reagir exatamente como ele? Enquanto dirigia para casa, finalmente ficou evidente para mim: eu estava deixando que ele roubasse o meu sonho! Aquele era o *meu* sonho! Eu estava animado e entusiasmado com a ideia. Eu sabia que aquele era o meu propósito, e foi quando algo acendeu em minha mente – eu consigo. Não importa o que os outros pensam ou qual a opinião deles – essa é a minha!

Se tivesse deixado que aquele único encontro me afetasse, eu poderia ter ignorado o propósito da minha vida, tomando-o como um sonho irrealista. Eu teria continuado a construir visões de longo prazo em minha cabeça, mas estaria indo na direção absolutamente errada – e, em algum nível, eu teria sentido isso. Se eu tivesse deixado a ideia de lado, acredito que teria me tornado tão infeliz que, no fim, teria revisitado o conceito e encontrado o caminho certo – o meu caminho. Mas essa história me dá arrepios na espinha ao pensar o quão perto cheguei de perder tudo o que a vida tinha reservado a mim. Todos os dias, eu vejo pessoas deixando seus sonhos de lado por causa de uma reação negativa ou o comentário de um amigo ou parente.

Se você está sem propósito, tudo fica fora do lugar. Você rema seu bote para o meio do oceano sem ideia de onde a terra está. Assim que tiver o propósito certo, você irá desenvolver facilmente a visão certa e, em seguida, reconhecerá os objetivos específicos que lhe darão o que deseja.

Carol e Dan Gates são meus parceiros de negócios na Bob Proctor Coaching. Durante anos, ajudamos pessoas de todo o mundo a entender esse assunto, ajudando-as a descobrir seu propósito e a adicionar significado real a todas as áreas da vida. Se você está tendo dificuldade em descobrir seu propósito, não seja tímido. Peça ajuda, estamos mais do que dispostos a ajudá-lo.

Depois de encontrar o seu propósito, como você o expressa? Criando e mantendo uma visão. Visão é o que você faz com a sua vida. É a estratégia por trás do cumprimento do seu propósito. Você realiza essa estratégia criando várias metas de curto prazo para lhe manter no caminho certo. Você pode pensar sobre esse processo como escalar uma montanha. O seu propósito é chegar ao topo da montanha. A visão é muito parecida com um plano ou mapa. É a direção em que você vai viajar e o terreno que irá percorrer em sua jornada. Metas são os passos individuais que o levam até lá. Você define metas que o levarão ao próximo nível. Então, você para e dá uma olhada no mapa novamente.

O seu propósito ainda é chegar ao topo daquela montanha; o mapa mostra que você está viajando na direção certa. Então você define várias outras metas que o ajudarão a subir ainda mais. Isso permite que você realize grandes coisas. Também impede que você vagueie por aí tentando coisas diferentes que não estão relacionadas ao que está tentando alcançar. Se a qualquer momento não estiver avançando, o mapa também permite que você dê um passo para trás e se concentre novamente em seu propósito, observando se você saiu do caminho. Dessa forma, você pode corrigir rapidamente a situação.

Não pense que cada passo tem que ser claro antes de começar – não será. Muitas vezes, você descobrirá que se esforçar em direção ao seu propósito é muito parecido com dirigir em meio a uma névoa espessa – não dá para enxergar mais de um palmo à sua frente. Mas, contanto que saiba para onde está indo, você pode fazer toda a jornada dessa maneira, um passo de cada vez.

Já houve pessoas que me interromperam nesse ponto e disseram que tentaram. Fizeram tudo o que eu sugeri, mas não estão mais perto do que querem. Definiram o seu propósito e imaginaram a nova vida. Fizeram tudo o que podiam para criar uma mentalidade próspera, mas nada aconteceu. Elas ficaram exaustas de tentar e acabaram desistindo. Então, qual é o problema?

Normalmente, elas estão tentando subir ao cume quando nem sequer chegaram ao acampamento na base. Estão se concentrando no que querem e visualizando, mas não estão realmente fazendo as coisas que as levarão até lá. Não estão traçando os pequenos objetivos e passos necessários para escalar a montanha. Não criaram uma visão ou um plano para saber quais devem ser esses objetivos. Provavelmente nem sequer compraram o equipamento de escalada ou sacos de dormir! Elas só querem o prêmio. Querem estar instantaneamente no topo da montanha sem ter que tomar as medidas necessárias para chegar lá.

A essa altura, você já tem que saber que isso não vai funcionar. Você deve estar disposto a subir a encosta para chegar ao pico. Não há atalhos. Mesmo que desenvolva um plano, você não pode simplesmente deixá-lo de lado e pensar que ele sairá do papel se não fizer nenhum esforço para tanto. É preciso, todos os dias, estar pessoalmente envolvido na realização dele.

Com frequência, eu falo com pessoas que estão frustradas porque seu plano está avançando lentamente. Então peço a elas que listem o número de horas que gastaram naquela semana em tarefas diretamente relacionadas aos seus objetivos. Algumas dizem uma hora, ou cinco ou até dez. Há 168 horas em cada semana. Se você subtrair oito horas por dia para o sono, isso deixa 112 horas em que você está acordado e funcional. Se, desse tempo, você está gastando menos de dez por cento ou mesmo vinte por cento trabalhando em seus objetivos, não é de se admirar que seu progresso esteja avançando em ritmo de lesma! Se você não está dando ao seu sonho o tempo de que ele precisa para se encaixar em sua vida, então o sonho nunca se *tornará* sua vida. Você deve reexaminar suas prioridades e dedicar mais tempo ao que é importante para você.

Outro erro comum é que as pessoas ficam tão completamente empolgadas com os detalhes de traçar os objetivos e etapas dentro de sua visão que nunca progridem além do estágio de planejamento. Você verá isso com frequência. Elas falam sobre seu plano, e ele parece ótimo, mas nunca o colocam em ação porque estão sempre tentando descobrir mais um detalhe, algo desconhecido. Isso é muitas vezes chamado de *paralisia de análise*. Elas ficam tão envolvidas em planejar, traçar e representar graficamente seu futuro que nunca de fato *fazem* nada. Isso não é nada mais do que uma maneira de se esconder de seu medo. O seu plano não precisa ser perfeito. Coloque as ideias básicas no lugar e comece.

Finalmente, vou alertá-lo para não perder de vista o fato de que você está começando uma jornada incrível. Não se trata apenas de chegar ao topo do pico. Trata-se de aproveitar a subida. Lembre-se de que eu disse que a riqueza não é um destino de acumulação, mas uma jornada de crescimento e circulação. Você conhecerá pessoas maravilhosas, que adicionarão uma alegria incalculável à sua vida enquanto percorre seu caminho único. Aproveite esse tempo para cultivar amizades e relacionamentos que contribuem para a sua qualidade de vida.

A visão pode tomar muitas rotas

Não confunda o seu propósito com a sua visão. Se voltarmos ao exemplo de escalar a montanha, seu propósito é alcançar o pico. Ele não muda de forma alguma. No entanto, pode haver muitas maneiras de escalar essa montanha além do modo como você está escalando agora.

Muitas vezes as pessoas dirão que pensavam ter sido atraídas ao seu propósito, mas, por algum motivo, nada fazia sentido ou o progresso simplesmente não veio. Elas erroneamente concluem que é o propósito que está errado, e não a rota que escolheram. Na maioria das vezes, o propósito é bom – é a visão que precisa ser trabalhada.

Uma rápida reavaliação lhe dirá se é a visão ou o propósito que precisa ser revisto. Faça a si mesmo as seguintes perguntas:

- Você tem seguido o seu coração e sido fiel a si mesmo?
- Você se recusou a permitir que a negatividade ou as opiniões dos outros o influenciassem?
- Você confirmou que esses talentos únicos o animam e o energizam?

Se suas respostas foram todas "sim", então você encontrou o seu propósito. E agora sabe que deve ser a sua visão que precisa de atenção, então você deve trabalhar para encontrar outro caminho a fim de realizar o seu sonho.

Um amigo ilustra muito bem esse problema. O meu amigo voou para Fort Lauderdale, na Flórida, e alugou um carro para dirigir até West Palm e participar de uma conferência que estávamos tendo. Esse amigo tinha impresso um mapa da internet mostrando a rota até lá e partiu com grande confiança. Ele entrou na rodovia interestadual e ligou para dizer que estava a caminho e chegaria em cerca de vinte minutos. Esperamos... esperamos... e esperamos.

Ele olhou para o seu mapa e viu que devia sair na rua Atlantic. Pegou a saída e dirigiu até a praia; nenhum hotel à vista. Dirigiu para cima e para baixo na rua, mas ainda não conseguiu encontrá-lo. É óbvio para qualquer um que tenha estado nesta parte da Flórida que quase toda cidade ao longo da costa tem uma rua chamada Atlantic – Atlantic Avenue, Atlantic Boulevard, Atlantic Street, você escolhe –, mas meu amigo não sabia disso e acabou pegando a primeira Atlantic que lhe apareceu.

Finalmente, ele acabou na Rodovia 1, que fica ao longo da costa, e foi para o hotel – uma hora depois. A questão é que seu destino não mudou. A rota que ele tomou e o tempo gasto para chegar é que mudaram, mas, de um jeito ou de outro, ele chegou lá.

Se o seu plano atual não estiver funcionando, você deve exibir a mesma determinação para chegar ao seu destino ou propósito. Você consegue imaginar meu amigo ligando para dizer: "Bem, Bob, eu fui em direção à praia e o hotel não estava lá, então voltei para casa"? É claro que não. Então, por que você está tão disposto a desistir de seus sonhos no segundo em que acha que pode ter tomado um rumo errado?

É por isso que é importante que você tome nota dos indicadores direcionais que estão tentando alertá-lo para o fato de que está indo na direção errada. Eles podem não ser tão óbvios quanto um hotel desaparecido, mas ainda estão lá. Quando você não está no caminho correto para o seu propósito, ou quando sua visão não é nítida, você se sentirá mal consigo mesmo e com o que está fazendo. Essa é uma indicação evidente de que você não está mais progredindo em direção ao seu propósito. A sua mente intuitiva está gritando com você e dizendo que algo não está certo.

Há uma diferença entre encontrar barreiras sólidas e encontrar resistência enquanto você persegue os seus sonhos. Quando a resistência surge, as suas velhas crenças podem voltar temporariamente à vida para asseverar que você está no caminho errado. Elas irão argumentar que não seria tão difícil se você estivesse no caminho certo. Então, ficarão tagarelando sem parar que elas lhe disseram isso e que, se você as tivesse ouvido desde o início, não estaria nesse dilema. Embora a resistência seja irritante, ela não é negativa, e você sentirá isso dentro de sua alma. Essa é a sua intuição dizendo-lhe a diferença. Se você estivesse no caminho errado, a sua intuição permitiria que emoções e sentimentos negativos surgissem como uma indicação de que você deu um passo em falso ou de que tomou um rumo errado.

Quando você está agindo com propósito, a sua visão o guia em direção ao bem que você deseja e, graças às *leis da vibração* e *da atração*, o bem que você deseja se move em sua direção também. Contanto que se sinta bem com o que está fazendo, deve continuar lutando contra a resistência para alcançar os seus objetivos.

As mentiras que contamos a nós mesmos

Na maioria das vezes, as pessoas têm dificuldade em se concentrar no que é o seu verdadeiro propósito, porque já estão fazendo algo exaustivo dia após dia. Não é o propósito delas, mas consome todo o seu tempo e, por isso, elas estão convencidas de que estão no caminho certo, afinal, as contas estão sendo pagas. Pense de novo. Só porque você tem uma obrigação das oito às dezoito e suas contas estão sendo pagas, não significa que descobriu seu verdadeiro propósito. Esse fato, no entanto, pode muitas vezes bloquear ou impedir o seu progresso em direção a esse uso melhor e mais elevado de seu tempo e de seus talentos.

Como eu disse antes, algumas pessoas se sentem presas às circunstâncias atuais e têm medo ou relutância a agir porque simplesmente não conseguem ver como seu propósito irá prover para elas e sua família. Quando você adiciona o fato de que todos nós fomos programados desde o tempo em que éramos crianças para acreditar que é melhor prevenir do que remediar, então tudo se torna realmente muito difícil.

Quando você pensa em gerar riqueza, não é melhor prevenir do que remediar. Quando se imagina chegando ao fim da vida, você acha que será feliz porque teve uma viagem segura ou que se arrependerá de todas as coisas que nunca fez porque teve medo de tentar? Como nunca saiu da sua zona de conforto e entrou no bote, você acaba se perguntando o que teria acontecido se tivesse aproveitado a chance e moldado o seu próprio futuro.

Você pode estar pensando: "Bem, isso é ótimo para todos os outros, mas o meu navio está aqui. Eu posso pilotá-lo em segurança e nunca me preocupar em como vou chegar à terra. Por que eu correria o risco de entrar naquele barquinho só para descobrir se poderia haver algo melhor?". Você pode ter um trabalho realmente maravilhoso, que lhe rende muito dinheiro. No entanto, sempre que trabalha para outra pessoa e troca o seu tempo por dinheiro, você corre o risco de se tornar dispensável. Todos os dias ouvimos falar de empresas falindo e demitindo funcionários. Esses funcionários muitas vezes investiram a vida inteira para não obter nada além de uma indenização no final. Só porque seu salário vem da conta bancária de outra pessoa, não há garantia de que ele estará lá daqui a um ano ou no próximo mês – ou até mesmo amanhã. Fomos condicionados a ver os empregos corporativos como seguros – quando são tudo menos isso.

Uma pesquisa do *New York Times* descobriu que pelo menos 34% das famílias sofreram com pelo menos uma demissão desde 1980. Observou-se também que, daquelas que não haviam passado por uma demissão, quase 60% conheciam um amigo ou membro da família que havia sido demitido. O que isso lhe diz sobre a segurança de emprego no mundo corporativo? Ela não existe e nunca existiu.

No entanto, possuir seu próprio negócio ou fugir do ambiente corporativo é assustador para muitos. Eu acho que é muito parecido com o medo de voar. O medo de assumir a responsabilidade pessoal de gerar riqueza em sua vida é tão assustador que as pessoas criam uma visão irracional e falsa do empreendedorismo. Já as pessoas ricas sabem que isso é uma grande mentira. Elas sabem que você corre um maior risco financeiro quando depende de outra pessoa do que você jamais irá correr ao se tornar independente e autossuficiente.

Não quer dizer que você deve jogar a cautela pela janela e pular de um penhasco sem ver o fundo. Eu já vi pessoas que, ao se conscientizarem de seu verdadeiro propósito, pararam tudo o que estavam fazendo, deixaram o emprego e iniciaram o caminho para uma nova vida. Embora admire o espírito delas, não é algo que eu recomendo.

Você não consegue perseguir o seu propósito e se concentrar no que deseja se suas necessidades básicas da vida não forem atendidas. Ao longo dos anos, tenho visto várias pessoas deixarem seu emprego de tempo integral porque querem dedicar mais tempo e energia para construir um plano. Dentro de semanas, quando começam a ver que suas necessidades básicas não estão sendo atendidas, elas imediatamente se preocupam em "sobreviver". Lembre-se da *lei da atração*: essa preocupação atrai o desastre.

Quando suas necessidades são atendidas, você tem a liberdade de agir onde e quando for apropriado. Você não se sente forçado ou desesperado. Quando está desfrutando dessa liberdade, você também está livre da preocupação e do medo que irão roubar a sua criatividade. Você não fica acordado à noite planejando a fuga da sua vida terrível porque sabe que isso acontecerá quando for a hora certa. É muito mais fácil ir trabalhar no seu emprego diário quando você sabe que ele é apenas temporário, necessário só para atender às suas necessidades enquanto você coloca seu plano completo em ação.

Fazendo as contas

Uma vez que você acha que talvez seja o momento certo, é absolutamente essencial que você pare e decida quais são suas verdadeiras necessidades antes de tomar qualquer ação drástica. O que você precisa para sobreviver – pagar o aluguel, comprar comida, estar em dia com as contas de água e luz? Estou falando apenas do essencial aqui, não das férias de que você gostaria ou de novas roupas para a primavera. Faça uma lista apenas com o básico – comida, água, moradia – e chegue a uma quantia.

Quando você chegar a essa quantia, deixe-a de lado por algumas horas ou um dia e depois volte e a avalie novamente. Há mais alguma coisa que possa cortar? Você realmente precisa de TV a cabo? Pode obter um plano de telefone celular mais barato? Seria menos caro comprar uma esteira para ter em casa em vez de pagar por uma academia? Só você sabe do que precisa e do que pode desistir, temporária ou permanentemente. Descobri que, quando as pessoas listam pela primeira vez o que precisam, alguns de seus desejos entram sorrateiramente na composição. Portanto, continue procurando coisas que não estão gerando valor real à sua vida.

Agora é hora de brincar com esse número e ver como continuar a atender às suas necessidades básicas de forma criativa. Você se lembra da meta que discutimos – ganhar um milhão de dólares e aprender a trabalhar os números em uma quantia pequena e alcançável? Vamos fazer a mesma coisa aqui, mas com valores significativamente menores. Digamos que a quantia a qual chegou seja de quatro mil dólares por mês. O seu número pode ser ainda menor, especialmente se for solteiro. Se você divide isso por 4,3, pensando em um valor semanal, o número cai para 930 dólares – menos de 133 dólares por dia. Agora que sabe quais são seus mínimos semanais e diários, você pode começar a fazer uma lista de maneiras de gerar a quantia da qual precisa, liberando mais tempo para investir na geração de riqueza.

Eu sei o que você está pensando: "Mas COMO???". Todas as justificativas e desculpas que suas velhas crenças podem inventar provavelmente estão bombardeando sua mente neste exato momento. Não se preocupe. Isso é normal. Mas vamos apenas deixá-las de lado por agora e usar um exemplo da vida real.

Eu conheço um casal, vamos chamá-los de Mike e Tammy, que queria se livrar de seus empregos e fazer o que amavam. Eles queriam administrar um acampamento para crianças com câncer. Mike está na construção civil e Tammy é uma enfermeira. Eles se sentaram e calcularam suas despesas, determinando o que poderia ser cortado. Com quatro filhos pequenos, as finanças já estavam esticadas ao máximo. Eles repetiram várias vezes a lista, mas descobriram que apenas 10% a 15% das despesas poderiam ser cortadas – o que foi decepcionante, para dizer o mínimo.

Eles não viam nenhuma maneira de qualquer um deles deixar o emprego e ainda sobreviver. O que não é incomum. Pode até ser a sua situação agora. Muitas pessoas expandem seu estilo de vida para atender ao nível de renda que possuem. É por isso que você pode se sentir preso. Você não vê como desistir porque acha que precisa de cada centavo apenas para manter as coisas funcionando. Mas há um caminho.

Mike e Tammy decidiram ver como poderiam liberar mais tempo. Tammy, como enfermeira, descobriu que, em vez de trabalhar de segunda a sexta-feira, das 8 às 17h, no hospital, ela podia trabalhar três turnos de doze horas, de sexta a domingo. Ela podia ganhar quase a mesma coisa, porque o salário de fim de semana era maior do que o dos turnos da semana. Significava que ela liberaria quatro dias por semana para trabalhar em seu plano.

Mike era um encarregado de obra, então ele trabalhava por muitas horas e achava mais difícil reorganizar seu tempo. No entanto, depois de fazer alguns cálculos, percebeu que poderia ter um corte salarial relativamente pequeno e voltar ao trabalho como empregado regular da construção civil, com carga horária menor e sem trabalhar nos fins de semana. Ele convenceu o chefe a deixá-lo trabalhar quatro turnos de dez horas de segunda a quinta-feira; o que lhe permitiu estar em casa com as crianças nos dias em que Tammy trabalhava. Foi realmente um duplo benefício: como dois de seus filhos estavam na creche, foi possível cortar por completo essa despesa, reduzindo ainda mais o valor de que precisavam por mês.

Quero falar sobre a escolha de Mike por apenas um momento. Há pessoas que nem sequer considerariam dar um passo atrás em relação à sua posição atual. Por quê? Por causa dessas velhas crenças. Elas dizem que seu plano está completamente ultrapassado, que você trabalhou duro para chegar a este ponto. Mas, se o seu trabalho duro não produziu a vida que você quer, então de que adianta um título ou um escritório amplo? Não permita que o falso fascínio do poder ou seu próprio senso de orgulho o confundam e lhe façam permanecer em uma posição que não o leva em direção ao seu objetivo. Muitas vezes, dar um passo para trás no salário ou na posição lhe concederá tempo útil na busca pelo seu sonho – isso não vale a pena?

Mike e Tammy trabalharam muito duro em seus empregos e usaram o tempo livre para encontrar maneiras de gerar renda passiva que cobrisse suas necessidades. Mike amava o setor da construção, então usou seu conhecimento para encontrar casas que estavam em execução hipotecária. Ele as arrumava para alugar. Como podia fazer o trabalho sozinho, isso lhe custou muito pouco, e cada casa que alugava produzia renda para compensar suas despesas.

Tammy lentamente reduziu suas horas à medida que mais dinheiro vinha das atividades de Mike. Ela usou seu tempo para escrever um livro sobre como criar uma melhor qualidade de vida para crianças com câncer. Como enfermeira, ela havia trabalhado com pacientes como esses por anos e tinha ideias e dicas únicas para os pais. Ela mesma imprimiu o livro e convenceu vários hospitais locais e especialistas pediátricos a comprá-los para dar aos pacientes. Isso se adequava aos seus talentos, além de promover o seu propósito de criar um acampamento para que as crianças fossem no verão.

Em pouquíssimo tempo, as necessidades de Mike e Tammy estavam sendo atendidas por completo a partir da renda adicional que haviam gerado. Ambos foram capazes de deixar seus empregos e começar seu acampamento para crianças com câncer.

Esse é apenas um exemplo, mas ilustra que, se você estiver disposto a realmente perseguir seu propósito com paixão e fazer o que os outros não estão dispostos, as coisas *vão* acontecer. Há muitas oportunidades, e você deve estar aberto a todas as ideias e disposto a trabalhar para alcançar o que quer.

O ponto principal

O que você está disposto a sacrificar ou suportar para viver o seu sonho? O fato é que não importa o quão facilmente o seu propósito chegue até você, serão necessários sacrifícios para alcançá-lo. Se você nunca fizer do seu sonho uma prioridade ou arranjar tempo para se dedicar a ele, simplesmente nada vai acontecer. Há um equívoco comum de que a palavra "sacrifício" é ruim – que significa que você está perdendo algo. Você não está perdendo aqui. Quando escolhe sacrificar algo para mover sua vida a um nível superior, você simplesmente desiste de algo de natureza inferior para abrir espaço a algo de natureza superior. Você nunca poderá escalar a montanha se não se afastar do acampamento na base, não é mesmo?

O que você sacrificaria para obter o seu sonho, para ser capaz de fazer o que ama todos os dias? Sugiro sacrificar primeiro as coisas que não são vitais para a sua sobrevivência. Coisas como TV a cabo logo de cara são cortadas. Em seguida, eu encorajo as pessoas a começarem a cortar o que não é necessário para alcançar seu propósito – coisas que o fazem desperdiçar o seu tempo, como clubes aos quais é associado. Não vai matar você, ou aqueles ao seu redor, dizer "não" de vez em quando.

Talvez renunciar a algo de que gosta, um passatempo ou hobby, lhe permita dedicar mais tempo para gerar sua vida próspera. Talvez esteja disposto a suportar uma crise financeira temporária com o objetivo de fazer as coisas acontecerem. Talvez possa desistir de ter uma ou duas noites livres por semana a fim de receber a educação, o treinamento ou a certificação de que precisa para chegar um passo mais perto de seu objetivo.

A ambição é a expressão do seu desejo – é o combustível que o leva do ponto A ao ponto B. Infelizmente, algumas pessoas veem a ambição como uma palavra suja e a igualam à ganância. Isso é totalmente incorreto. Você não está competindo com mais ninguém – há um suprimento infinito para todos nós! Se você usar sua riqueza e seu dinheiro para criar mais, então você está circulando – não estagnando –, e o resultado é que mais coisas virão até você.

A única luta é contra suas próprias crenças limitantes. Você deve estar pronto para lutar contra elas pelo seu sonho. Deve se concentrar e esperar grandes resultados. Desejo sem expectativa nada mais é do que uma ilusão. Contanto que sua crença seja constante e você se concentre em seu propósito, você será capaz de criar uma visão e metas para chegar lá.

Revisão do Capítulo 4

- O propósito é o porquê.
- A visão é a estratégia.
- Metas são os passos específicos que o levam até lá.
- O seu propósito é o seu sistema de orientação interna.
- Você não deve temer a mudança.
- Não viva no passado nem permita que outros destruam seus sonhos.
- Você deve estar pessoalmente envolvido com o seu sonho todos os dias.
- Se você não fizer do seu sonho uma prioridade, ele nunca se tornará sua vida.

Capítulo 5

A grande ilusão da gestão de tempo

Nos dias de hoje, muito tempo e muita atenção são dados à ideia de gerenciamento de tempo. Todo mundo quer saber como encaixar mais em suas agendas já lotadas. Mas não existe isso de gerenciamento de tempo: o tempo é uma força estática que nunca muda. Você nunca pode produzir mais dele. Na verdade, a única coisa que pode fazer é priorizar suas atividades para realizar as coisas que realmente importam.

Você pode pensar que isso é apenas uma diferença na semântica, mas é uma distinção importante. O gerenciamento de tempo é sobre organizar o que você faz para se encaixar o mais perfeitamente possível no tempo que você tem disponível. Priorizar é se concentrar apenas nas tarefas que realmente importam e reduzir o resto – ou eliminá-lo por completo.

Outro termo frequentemente usado é "fazer orçamento". Muitos de nós usamos orçamentos para reorganizar o que já estamos fazendo com nossas finanças, em vez de priorizar o que é importante e eliminar o que não é. O exercício que eu dei anteriormente sobre cortar despesas é um bom exemplo. Você notará que, em todo aquele capítulo, eu não usei a palavra "orçamento" uma única vez. Isso porque estávamos priorizando o que você deve fazer para alcançar o seu objetivo. Orçar é simplesmente reorganizar. Eu acho que as pessoas usam termos como "gerenciamento de tempo" e "orçamento" para se convencerem de que estão realizando algo, quando, na verdade, estão apenas se enrolando!

Priorizar envolve fazer escolhas e tomar decisões sobre cada atividade em que você se envolve para ver se isso gera valor à sua vida ou não. Vamos tentar um pequeno experimento. Olhe para a sua vida, pense nas atividades em que está atualmente envolvido e reflita sobre o que quer conquistar. Tenho certeza de que você provavelmente pode arranjar uma hora ou duas aqui e ali a cada semana para trabalhar em direção aos seus objetivos. Pode não ser muito, mas é alguma coisa.

Agora imagine que você foi ao médico e ele lhe disse que você tem exatamente um ano de vida. Como isso muda suas prioridades? Você andaria por aí tentando realizar seus sonhos em apenas algumas horas por semana? Faria horas extras para tentar obter uma promoção no trabalho, algo que nunca o beneficiaria? Economizaria para ter uma aposentadoria que não chegaria? Iria planejar tirar férias por duas semanas em junho e manteria a esperança de sobreviver até lá? Sentaria em frente à TV hoje à noite?

Quando você acha que seu tempo é ilimitado, é fácil desperdiçá-lo. No entanto, quando essa percepção é alterada e artificialmente encurtada, o tempo se torna de fato muito precioso. O que quero dizer é que o tempo é *sempre* precioso. Quer você viva até os quarenta anos ou até os noventa, ainda há apenas uma quantidade limitada de tempo – e nunca parecerá ser o suficiente. É por isso que priorizar é tão crucial. Você não quer que sua vida passe apressada em uma confusão de ocupações que nunca gera nada.

Para iniciar o processo de priorização, você deve aprender a olhar para cada atividade em sua vida em relação ao tempo. Muitas vezes as pessoas nem sequer pensam em dinheiro em relação ao tempo, mas eles estão intimamente interligados.

Muitos de nós somos apaixonados pelo conceito de "pechincha". Queremos obter o melhor preço para toda e qualquer coisa. Convencemos a nós mesmos de que temos de fazer isso para que o nosso dinheiro renda o máximo possível. O que não percebemos é como essa mentalidade tem um custo relacionado ao tempo que ela demanda. Por exemplo, você já dirigiu pela cidade para economizar três centavos no litro da gasolina? Telefonou para o banco e ficou em espera por mais de dez minutos para protestar contra uma taxa de dois dólares que não reconhece? Pesquisou on-line por horas o melhor preço para um voo? Você pode argumentar que essas atividades são o que qualquer pessoa responsável faria, mas vamos olhar para elas em relação ao tempo.

O seu veículo comporta 75 litros de gasolina e você dirige pela cidade para economizar três centavos de dólar por litro. Isso leva trinta minutos. Você economizou cerca de dois dólares. Agora, se alguém ligasse para você e se oferecesse para pagar quatro dólares por hora pelo seu tempo, você se sentiria insultado. Mas foi isso que você acabou de demonstrar que o seu tempo vale.

Se você liga para o banco tentando economizar dois dólares e espera dez minutos, então você vale doze dólares por hora. Se você passa três horas on-line pesquisando para economizar trinta dólares em uma passagem aérea, então você vale dez dólares por hora. Mas, espere, há mais do que isso: não só você está desvalorizando o seu tempo por uma quantia ridiculamente pequena, como também está experimentando o que é conhecido como "custo de oportunidade". Esse custo é o preço que você paga no tempo perdido por ser incapaz de implementar totalmente ideias que geram renda passiva – ou adiar a implementação delas porque acha que não tem "tempo".

Por exemplo, vamos supor que você tenha uma ótima ideia para um site que gere renda, fornecendo aos leitores boletins informativos e artigos oportunos sobre parentalidade. Você quer colocar a ideia em prática, mas não acha que tem "tempo", porque está muito ocupado. Então você espera. Um ano se passa, depois dois. Finalmente você começa a movimentar as coisas, e o site cresce ao longo de um ano para render cinco mil dólares por mês em faturamento de assinaturas e publicidades.

É fácil olhar para trás e ver o que todas essas atividades movimentadas realmente custam. Coisas como sair com colegas de trabalho, conversar ao telefone, assistir à televisão, enviar mensagens de texto para seus amigos, navegar na internet e se voluntariar para comitês. Você se sentiu ocupado – ocupado demais, na verdade, para inserir um novo negócio em sua vida –, mas o que toda essa ocupação lhe trouxe em relação ao que custou atrasar a ideia? Quando aumenta a eficácia e delega ou elimina o excesso de atividade inútil, você aumenta o seu fluxo financeiro e tem algo a mostrar por seus esforços.

Todas essas atividades que "economizam dinheiro" na verdade estão destacando uma mentalidade de escassez e limitação. Ao se concentrar nas minúsculas economias que elas produzem, você está perdendo a abundância que poderia ser sua ao se concentrar na produção de renda. Lembre-se, o dinheiro é como água corrente. Por que correr para o meio do fluxo, apenas para pegar uma pequena quantidade?

Outro grande desperdício de tempo: o velho jogo do "e se". Você se preocupa com as coisas que podem ocorrer. Você repete em sua mente, várias vezes seguidas, eventos passados, desperdiçando o presente. Há uma frase atribuída a Mark Twain, da qual eu gosto, que diz: "Já sou velho e me deparei com muitos problemas, mas a maioria deles nunca aconteceu". O mesmo se aplica a você caso se envolva em uma grande quantidade de drama emocional sobre coisas que são desconhecidas ou já aconteceram. Você cria problemas em sua mente que não têm nada a ver com a realidade e que desperdiçam um tempo precioso.

Desperdício de tempo *vs.* o que é importante

É fácil supor que, se uma tarefa leva muito tempo, ela é importante. Um dos meus exemplos favoritos disso é o e-mail. Quanto tempo você gasta classificando, lendo e respondendo e-mails? Se você é como eu, você pensa nisso como uma cova virtual de tempo e energia. Mas muitas pessoas são bastante apegadas à sua caixa de entrada eletrônica. Elas passam horas escrevendo e-mails e verificam constantemente se há novas mensagens.

Se você não conseguisse verificar o seu e-mail por sete dias, o mundo acabaria? NÃO. O mesmo se aplica ao correio de voz. Pense em quando esteve ausente ou de férias por uma semana e não conseguiu responder imediatamente. Será que a civilização entrou em colapso de uma hora para outra? Você realmente perdeu alguma coisa que era de vital importância? Provavelmente não. Pouquíssimas coisas são verdadeiramente importantes ou urgentes, mas ficamos envolvidos demais com a ideia de comunicação instantânea. Nós achamos que ela é de vital importância, mas 99% do tempo simplesmente não é.

A tecnologia tornou nossa vida muito mais fácil de várias maneiras. Mas a ideia de que qualquer um pode entrar em contato com você a qualquer momento, para qualquer coisa, permite que muitas pessoas percam seu tempo com conversas sem importância. Essa é uma das razões pelas quais a primeira pessoa que a maioria dos empresários contrata é um assistente que possa lidar com telefonemas, e-mails e correspondências. É um processo incrivelmente trabalhoso, que precisa ser feito, mas não é importante o suficiente para afastá-lo de atividades muito mais produtivas.

O melhor uso da tecnologia está na automação de tarefas rotineiras. Isso pode mostrar um pouco a minha idade, mas eu gosto de usar o exemplo da automação do escritório. Quando eu era um jovem que ainda estava abrindo o meu caminho no mundo, os escritórios tinham legiões inteiras de secretários – na verdade, essa era uma função tão necessária que havia um batalhão de moças de prontidão para preencher a vaga se, um dia, alguém estivesse doente ou faltasse. Era o chamado "grupo de secretariado". A necessidade dessa mão de obra existia porque as tarefas diárias associadas à comunicação e à administração de um negócio eram tão demoradas e trabalhosas que apenas uma secretária não conseguia dar conta. Não havia gravadores de fita de mão, então era preciso saber taquigrafia para escrever o que você queria dizer e depois datilografar. As máquinas de escrever utilizadas não contavam com correção automática nem permitiam exclusão. As cópias eram feitas com folhas de papel carbono.

Ditar, datilografar e revisar uma carta podia levar horas. Você sabe que o processamento de texto, da maneira como existe hoje, pode levar quinze minutos. Mas o fato de que costumava ser muito mais demorado não o torna mais valioso. Uso esse exemplo para salientar que, embora a tecnologia possa criar coisas que nos façam desperdiçar o nosso tempo, ela também nos permite aumentar a qualidade e o número de tarefas que podemos realizar. É importante saber a diferença e reconhecer os avanços tecnológicos que melhoram sua produtividade *versus* aqueles que consumem uma grande quantidade de tempo.

Isso traz à tona outro assunto sobre o qual as pessoas frequentemente me questionam. Você precisa aprender sobre a tecnologia mais recente para ter uma vantagem nos negócios? Sim e não. Você não precisa aprender a utilizar o software de gerenciamento de tempo mais recente para decidir o que é importante e o que não é. No entanto, aumentar sua capacidade de usar planilhas e programas de maneira eficaz pode ajudá-lo a se manter organizado e realizar tarefas com mais eficiência. O meu conselho é que, se certos avanços tecnológicos o aproximarem de seus objetivos, use-os. No entanto, se você usa todos os *gadgets* mais recentes e as últimas tecnologias mas ainda assim não *faz* nada para avançar, então eles estão desperdiçando o seu tempo e nada mais. O que você faz é muito mais importante do que o modo como faz. Não permita que nada atrapalhe o seu progresso.

O princípio 80/20

Quase qualquer pessoa com formação em Administração ou Economia já ouviu falar do Princípio de Pareto. Esse princípio foi sugerido pela primeira vez por Joseph Juran, um líder em teoria da Administração. Ele sugeriu que 80% de seus os resultados vêm de apenas 20% de seus esforços. Esse é um conceito muito útil ao avaliar suas atividades diárias. Uma tarefa que tenho sugerido para aqueles que tentam priorizar sua vida é manter um registro de cada uma das atividades em que você se envolve durante o dia e encontrar os 20% que estão produzindo a grande maioria de seus resultados. Depois de identificar essas tarefas importantes, dê uma olhada em todas as outras. Essa é a lista que você precisa reduzir ou eliminar. A maioria das pessoas descobre que há pelo menos 10% de suas atividades que estão desperdiçando enormes quantidades de tempo. Essas devem ser completamente eliminadas. As tarefas restantes devem ser consolidadas e reduzidas a um período específico ou delegadas a outra pessoa.

É melhor ser extremamente seletivo sobre onde você coloca suas energias; não queira fazer tudo de uma vez, pois, com isso, não conseguirá fazer nada direito. Você será capaz de se concentrar nas tarefas que o ajudam a alcançar seus objetivos rapidamente e não atrasam o seu sucesso. Embora possa sentir que não tem tempo para fazer tudo, você deve assumir a responsabilidade e saber que é realmente apenas uma falta de prioridades.

Depois de fazer sua lista de atividades, você pode se surpreender com quanto tempo gasta em coisas desnecessárias ou que não geram nada. Não seja muito duro consigo mesmo. Somos treinados desde a infância, agora mais do que nunca, a preencher cada minuto disponível com atividades. Não gostamos de ficar entediados. A nossa mente precisa de estímulo. O problema surge quando não estamos pensando ativamente no estímulo positivo nem o escolhendo. Infelizmente, somos mestres em inventar distrações.

Pense no ambiente que existe no mundo corporativo. Há muitas demandas que você tem que atender, estando ou não interessado naquela atividade – ou então produzir qualquer coisa de real valor. Você acaba fazendo grandes quantidades de "encheção de linguiça" para justificar sua posição. Você já participou de uma reunião para discutir o melhor momento para ter uma reunião? Esse tipo de redundância ridícula ocorre diariamente, assim como aceitamos um ambiente cheio de cubículos que faz o possível para entorpecer os sentidos e remover qualquer resquício de criatividade.

Há constantes estudos divulgados que revelam a quantidade de tempo desperdiçado pelos funcionários navegando na internet ou conversando no bebedouro. A conclusão é que uma empresa pode comprar o seu tempo, mas não pode torná-lo produtivo. Depois de estar imerso nesse ambiente, não é de se admirar que as pessoas não entendam adequadamente o valor de seu tempo.

A capacidade de efetivamente priorizar as atividades cotidianas está ligada a como você valoriza o seu tempo. É uma questão básica de autoestima. Se você vê sua vida como valiosa e significativa, então também valorizará o seu tempo. Se você se encontra perdendo muito tempo, provavelmente não tem uma razão forte o suficiente para gerenciar suas atividades da melhor maneira possível. Se a sua vida não tem um propósito ou uma direção significativa, então é improvável que haja uma razão convincente para mudar. Você pode ficar motivado de vez em quando, mas sua motivação para melhorar simplesmente não irá durar.

Os programas de gerenciamento de tempo podem ser uma tentação irresistível. Eles o convencem com a promessa de maior produtividade, mais tempo livre, geração de renda mais rápida e maior autoestima. E, de fato, alguns desses benefícios podem ser realizados em curto prazo. Mas há sempre o risco de você descobrir que está investindo cada vez mais tempo em atividades de microgerenciamento, como se organizar, criar objetivos e aprender o software mais recente. Fazer *de fato* as tarefas, que é a razão de ser do seu programa, torna-se quase uma reflexão posterior. Em vez de ajudá-lo a aumentar a produtividade, seu novo programa se torna outro aspecto da "encheção de linguiça" – um meio de disfarçar a baixa produtividade.

Esse é um problema comum para pessoas que ainda não identificaram o seu propósito de vida – e é por isso que eu discuti primeiro como encontrar um propósito. Um programa sofisticado fornece a ilusão de produtividade, mas quando você o reduz à sua fonte bruta e não filtrada, descobre que ele é desprovido de propósito real. Não há nada ali. Quando você resume todas as tarefas, elas não passam de trabalho e atividades triviais. Se uma pessoa realmente faz ou não alguma coisa, é de pouca importância no panorama geral. Essas tarefas não acrescentam nada e são completamente esquecíveis. Você deve encontrar o seu propósito primeiro ou qualquer tentativa de priorizar atividades será em vão – sem propósito, você não tem uma direção nítida.

Uma vez entendido o seu propósito, você pode começar a criar ações que se alinhem a ele. Mas perceba que priorizar suas atividades exige que você decida o que fazer e, em seguida, de fato *faça*. A maioria das dicas e conselhos que você ouve sobre gerenciamento de tempo se concentra em fazer as coisas. Mas se você ainda não decidiu sobre o melhor curso de ação, então se envolver em um monte de atividades só faz você se sentir ocupado. Você não realiza coisa alguma.

Você pode ter experimentado essa frustração. Você sente que conhece o seu propósito, mas se envolve em atividades infrutíferas tentando realizá-lo. Pode ser por causa de uma desconexão entre suas mentes consciente e inconsciente. A sua mente consciente sente que as novas ideias e seu propósito estão corretos, mas o seu subconsciente ainda não os aceitou.

Isso acontece com frequência. Alguém pode vir a um dos meus seminários e decidir que quer mudar. Mas, em vez de trabalhar para mudar suas crenças arraigadas, começa com toda uma série de atividades. Essa pessoa sabe que algo não está funcionando, mas em vez de resolver o conflito, tenta evitar pensar sobre isso. Passa por pelo menos um – e às vezes muitos – ciclos doentios de esconder a verdade de si mesmo. Sente-se frustrada com a incapacidade de avançar a partir de um propósito com o qual o seu subconsciente não concorda totalmente; e, no entanto, sente que não tem escolha a não ser segui-lo.

Para ilustrar isso, vamos usar o exemplo de ter um emprego. Somos ensinados desde o berço que devemos crescer e conseguir um emprego. Você vai para a escola, talvez até para a faculdade, e depois consegue um emprego. Você até pode saber que esse não é o caminho para você, que o seu caminho está no empreendedorismo. Mas, por causa dessa crença, você deixa a ideia de lado e a desliga para seguir o caminho que se espera de você. Você vai trabalhar todos os dias, mas não gosta muito. Preferiria não ir trabalhar se pudesse se dar ao luxo de fazê-lo. Sonha com a liberdade.

Quando você olha para os resultados que as pessoas que seguiram a abordagem aceitável de conseguir um emprego alcançaram, nota que poucas delas parecem felizes e realizadas com a vida que levam. No trabalho, elas podem fingir que está tudo bem, mas em particular se sentem infelizes e encurraladas. A cada ano fica mais difícil. Pessoalmente, acho que a maioria dos empregos não é muito saudável, considerando o fato de que eles tendem a sufocar e esmagar o espírito humano. Tenho certeza de que há exceções, mas essas não são as regras. No fundo, é como se cada um de nós soubesse que podemos alcançar um resultado melhor, incluindo uma abundante geração de renda, oportunidades de carreira fabulosas e uma vida familiar satisfatória, sem os limites e exigências do emprego tradicional.

O método

Praticamente todo sistema de gerenciamento de tempo ensina que você deve priorizar seus projetos para se certificar de que está trabalhando no que é realmente importante; não se prenda a coisas menores, dizem. No entanto, poucos explicam exatamente *como*. Como você decide qual tarefa é realmente a mais importante em um determinado momento? É a que é mais urgente, a que mais lhe renderá dinheiro, a que produzirá a maior felicidade em longo prazo, a que mais irá agradar a sua família? Se você não usar um método inteligente de priorização, irá lhe faltar consistência, e você saltará de uma tarefa a outra sem razão lógica para isso.

O objetivo principal é fazer o máximo progresso em direção aos seus objetivos com a menor quantidade de esforço. Existem muitos exemplos de métodos que você pode usar para conseguir isso e todos eles têm algumas coisas em comum:

1. *Propósito*. Para priorizar efetivamente, você deve conhecer o seu propósito ou objetivo. Se voltarmos e pensarmos sobre o seu propósito a partir da analogia com escalar uma montanha, é importante

se concentrar em chegar ao topo da montanha. Isso não significa que você vai contorná-la ou se concentrar em acampar na base da encosta. Você se concentra em atingir o pico e compara todas as suas tarefas com esse objetivo. Aqueles que o fazem avançar mais longe e mais rápido em direção a esse propósito estão no topo da sua lista.

2. *Tempo*. Como já discutimos, o tempo é o seu recurso mais escasso. Você nunca pode criar mais dele. Então, quando avaliar sua lista, considere primeiro o tempo que levará para concluir cada tarefa em relação a quanto progresso você fará. As tarefas que o impulsionam para a frente no menor intervalo de tempo, com a maior recompensa, são classificadas em um posto mais alto. Também é importante considerar se esse tempo é flexível. Você consegue executar a tarefa utilizando curtos períodos que podem ser reorganizados à vontade ou é uma quantidade definida de tempo que deve ser executada em um local definido?

3. *Outros recursos*. Você também deveria avaliar a quantidade de outros recursos necessários para uma tarefa a fim de classificá-la ainda mais especificamente. Esses recursos incluem coisas como dinheiro, tempo em família, uso de redes sociais e energia física.

Para alguns, uma tabela com as tarefas em uma coluna do lado esquerdo, classificadas em ordem crescente por tempo, pode ajudar. Coloque os seus recursos em colunas na parte superior. Em seguida, você pode classificar cada tarefa em relação ao recurso com um valor numérico, de 1 a 5. As tarefas que levam menos tempo e têm a menor pontuação em relação aos outros recursos são aquelas em que você deve se concentrar primeiro.

Por exemplo, vamos supor que você perdeu uma grande quantidade de peso recentemente e sente que seu propósito é ajudar os outros a também reduzirem o peso e levarem vidas mais saudáveis. Você pode criar algumas tarefas como estas:

1. *Desenvolver* um site com artigos sobre perda de peso, em que os usuários possam conversar, apoiar uns aos outros e se inscreverem no seu boletim informativo.
2. *Começar* um blog sobre experiências e lutas pessoais.
3. *Conversar* com grupos sobre perda de peso.
4. *Criar* um programa para perda de peso que eu possa registrar como meu.
5. *Escrever* um livro.

A primeira coisa que você faria é classificá-las de acordo com a quantidade de tempo que levam. Então você pode reordenar a lista, e ela ficará assim:

1. *Começar* um blog sobre experiências e lutas pessoais.
2. *Conversar* com grupos sobre perda de peso.
3. *Desenvolver* um site com artigos sobre perda de peso, em que os usuários possam conversar, apoiar uns aos outros e se inscrever no meu boletim informativo.
4. *Criar* um programa para perda de peso que eu possa registrar como meu.
5. *Escrever* um livro.

Pode ser que sua tabela fique mais ou menos assim:

	Dinheiro	Tempo em família	Redes sociais	Energia física	Total	Novo ranking
Blog	1	1	2	1	5	1
Conversa	1	4	2	4	11	5
Site	4	2	1	3	10	3
Programa	2	2	1	3	8	2
Livro	5	2	1	2	10	4

Esse exercício informa que o primeiro item em sua lista específica deveria ser iniciar um blog. Leva pouquíssimo tempo e não gasta nenhum dinheiro. Não tira nada do seu tempo em família e requer pouca energia física. O único esforço extra será enviar e-mails para o seu grupo atual de contatos, para que eles saibam que você tem um blog, possam começar a lê-lo e lhe deem um *feedback*.

Quando você usa esses critérios, é interessante notar que a conversa passou do segundo para o último lugar. Embora você possa falar em uma solenidade por um período de apenas trinta minutos a uma hora, é mais difícil encaixar isso em sua vida. Requer um tempo longe da família e é preciso uma grande quantidade de energia para se preparar para falar em frente a um grupo.

O site e o livro ficaram na mesma posição. Nesse caso, para classificá-los, você voltaria à quantidade de tempo que cada um leva. Ao olhar para a categoria de dinheiro, você tem que superar a vontade de realocar suas tarefas pelo critério de qual custa menos. Nesse caso, é preciso mais dinheiro para produzir um site ou um livro do que para falar com grupos. Mas você tem que lembrar que sempre pode ganhar mais dinheiro – porém nunca poderá ganhar mais tempo. Portanto, é muito importante classificar pelo tempo primeiro.

Um comentário frequente que muitas pessoas fazem é pensar que, como leva mais tempo TOTAL para produzir um livro, ele deve sempre superar a área da conversa. Lembra quando eu disse que o tempo não era apenas uma questão de quantidade de tempo gasto em um projeto, mas também uma questão de flexibilidade? Você pode escrever um livro usando intervalos curtos de trinta minutos ou uma hora em qualquer hora do dia. Também é possível reorganizar esses horários se algo for mais importante em certo dia. A conversa deve acontecer em um horário e local determinados, onde e quando esse público em particular concordou em se encontrar. Não há flexibilidade e não é possível movê-la ou organizá-la de modo a adequá-la à sua programação atual. Essa falta de flexibilidade é refletida na tabela pela quantidade de tempo que ela tira de sua família e pela quantidade de energia física que você precisará gastar.

Muitas pessoas acham esse sistema um pouco assustador. Não é preciso fazer algo tão detalhado. Você pode simplesmente criar uma lista no final de cada dia com itens a serem realizados no dia seguinte, e manter esses fatores, de modo geral, em mente. Isso permite que você se concentre nas tarefas absolutamente essenciais no início do dia. Se algo não for feito, serão os itens no final da lista – que não são tão críticos. Ela não precisa ser difícil ou complicada. O importante é entender o conceito de ter uma maneira objetiva de construir um ranking do que você faz, e, em seguida, começar a realizar essas tarefas em sua ordem de importância.

Tomada de decisão

Eu sempre achei muito triste que nossas escolas não ensinem a tomada de decisão como uma habilidade. A capacidade de confiar em seus instintos e tomar decisões rápidas e precisas é algo que pode ser aprendido. Quanto mais você pratica, melhor se torna nisso. Tomar decisões diz respeito a escolher e avaliar. Temos muitas opções sobre como completar nossas várias tarefas na vida e precisamos fazer escolhas. Isso é relativamente simples e pode ser avaliado usando a estratégia de priorização sobre a qual acabamos de falar. Podemos determinar a melhor opção com base nos critérios estabelecidos.

Mas outras decisões podem ser mais difíceis de avaliar. Às vezes, enfrentamos escolhas difíceis que envolvem uma ou mais incógnitas. Não há como saber de antemão quais serão as consequências de cada alternativa. Muitas vezes podemos perder um tempo precioso tentando adivinhar. Isso resulta em uma grande quantidade de tempo perdido e, pior ainda, estagnação. Isso é especialmente verdadeiro para o que percebemos como grandes decisões, como pedir demissão de um emprego, abrir um negócio ou se mudar para uma nova cidade em busca de melhores oportunidades. Mas não há como saber todos os fatores determinantes antes de saltar para o desconhecido.

Muitas vezes, quando são informadas disso, as pessoas experimentam um tipo prolongado de paralisia mental. O medo do desconhecido as leva a adiar qualquer decisão e a procrastinar. Toda decisão envolve uma escolha entre manter o *status quo* – suas crenças existentes – e fazer uma mudança. Como não podemos garantir que uma determinada mudança funcione para melhor, sem querer muitos de nós ficamos parados.

Uma vez alcançada a capacidade de desenvolver uma mentalidade próspera, deixando de lado a conversa na forma de "e se" de suas crenças existentes, as decisões devem se tornar mais rápidas – mesmo as grandes. As decisões são, na verdade, um reflexo direto de quem você é e qual é o seu propósito. Cada uma confirma as crenças que você tem sobre si mesmo e a direção para a qual está viajando.

Às vezes, procrastinamos projetos porque não sabemos por onde começar. Um objetivo como "escrever um livro" pode parecer simples o suficiente quando definido pela primeira vez, mas, quando chega a hora da ação, ele se torna um enorme poço de incógnitas. A procrastinação logo surge. Uma maneira de superá-la é se concentrar no passo bem à sua frente. Uma vez que a etapa esteja concluída, você passa para a próxima. Por exemplo: se estivesse escrevendo um livro sobre dieta, o primeiro passo seria criar um esboço muito simples que listasse o conteúdo de cada capítulo. Uma vez feito isso, o próximo passo seria pegar o título do capítulo um e listar quinze ideias que explicam esse capítulo. O próximo passo seria listar essas ideias em ordem lógica; em seguida, passe cinco minutos escrevendo sobre cada um dos quinze itens.

Ao se concentrar em cada etapa, em vez de no projeto como um todo, cada parte se junta de uma maneira lógica e os sentimentos assustadores associados à ideia de "escrever um livro" são removidos! E caso você esteja se perguntando, é exatamente assim que o livro que você está lendo agora foi feito.

Quebrar grandes conceitos e decisões em pequenos conceitos e escolhas permite que você se concentre e faça progressos, em vez de procrastinar porque aquilo parece grande demais para você realizar. Uma solução que algumas pessoas acham eficaz é dividir um grande projeto em uma lista de pequenos passos, planejando-a do começo ao fim. Esses pequenos passos são itens de ação muito básicos – tão pequenos, na verdade, que você teria dificuldade em quebrá-los ainda mais sem que se tornasse ridículo.

Um exemplo de um pequeno passo é fazer uma chamada de cinco minutos sobre um aspecto do projeto em particular ou enviar um e-mail para um de seus contatos a fim de responder a uma pergunta específica. Normalmente, é uma tarefa que pode ser concluída em menos de trinta minutos e, idealmente, em menos de dez minutos. Mais uma vez, são ações muito pequenas e bem definidas.

Você pode estar pensando que nem sempre é possível quebrar um grande projeto em pequenas etapas antes de começar. No entanto, muitas vezes você não precisa reinventar a roda. Se quiser saber como escrever um livro, pode encontrar livros com instruções passo a passo sobre como fazer isso. Eles não decompõem todo o caminho até o nível desses pequenos passos, mas se aproximam disso e lhe dão uma orientação maravilhosa para começar.

De fato, há situações em que há simplesmente muita incerteza para planejar um projeto do começo ao fim com qualquer nível de especificidade. Um bom exemplo é o desenvolvimento de sites, que geralmente funciona melhor em um processo interativo. Em tais situações, você ainda pode usar pequenos passos para planejar até onde conseguir razoavelmente avistar. Então, quando atingir determinado marco, atualize o seu plano para o próximo trecho à frente.

Ao embarcar em um grande projeto, planeje-o usando pequenos passos do início ao fim. Essas listas podem ter várias páginas e talvez a criação delas exija algum esforço. No entanto, uma vez completa, a lista torna a implementação muito mais suave. Também torna possível criar estimativas precisas de quando um projeto será concluído. Você se lembra de como é importante poder ver a linha de chegada?

Essas listas podem ser muito úteis para projetos que seguirão uma trajetória semelhante. Se estiver criando vídeos de treino para complementar seu programa de dieta, provavelmente fará uma série inteira deles, em vez de apenas um. Nesse caso, você usaria o mesmo processo para concluir todos os vídeos da série. Tomando um tempo extra para criar a lista antes de tudo, você economiza mais tempo em longo prazo. A produção dos próximos vídeos da série irá fluir muito bem. Você será capaz de se concentrar em fazer o projeto sem se preocupar em perder um passo vital.

Como você decide quando é necessário separar uma tarefa maior em muitos pequenos passos? Essa decisão deve ser baseada na complexidade da tarefa. Se ela parece nítida, e não é tão assustadora a ponto de gerar procrastinação, então você pode simplesmente colocá-la em sua lista de tarefas diárias, sem quebrá-la em mais partes. No entanto, se ela for nova, desconhecida ou complicada, pode ser do seu interesse separá-la, para que você tenha uma ideia objetiva de por onde começar. Isso permitirá uma fluidez suave de ação em ação, sem que você tenha de parar e pensar sobre o que fazer a seguir.

Você pode usar algumas dessas técnicas ou pode encontrar aquelas que funcionam melhor para você. Na verdade, isso não importa, desde que você tenha alguma maneira de priorizar suas tarefas e avaliar suas escolhas. Depois de um tempo, talvez você esteja tão acostumado a lidar com grandes tarefas que poderá colocar algo como "escrever um livro" em sua lista sem listar as etapas. Um plano adequado com o nível certo de subdivisão – dependendo de quão longe ao longo do caminho você está – pode ser muito motivador.

A ação é fundamental

O primeiro passo em todo o processo é visualizar sua intenção sem ter qualquer ideia de como ela irá se manifestar. Mas uma vez que tiver um propósito claro, você deve agir. Quando esses primeiros passos se apresentam, é a sua vez de cooperar com o processo de manifestação e provar a si mesmo que está de fato levando tudo isso a sério. Caso contrário, essas etapas de ação continuarão o encarando até que você deixe a preguiça de lado e comece a trabalhar.

Quando cria uma lista de tarefas para um projeto, você separa o planejamento da execução. Isso ajuda a fase de ação a ser mais suave, e fica mais fácil assumir um fluxo produtivo. Você sabe que, se seguir o seu plano, vai obter um resultado. Pode não ser perfeito, mas o serviço será feito.

No entanto, isso não é uma desculpa para planejar incessantemente e nunca agir. O objetivo de priorizar e avaliar é agir – e você deve agir!

Revisão do Capítulo 5

- O tempo é o seu único recurso não renovável.
- Concentre-se nas tarefas que importam e reduza ou elimine o resto.
- Priorize observando cada atividade em relação ao tempo.
- Aumente a eficácia, diminuindo o excesso de atividade inútil.
- Use a tecnologia para melhorar a produtividade, não para desperdiçar tempo.
- Falta de tempo na verdade é falta de prioridades.
- Você deve ter um sistema definido para priorizar tarefas e avaliar escolhas.
- A ação é fundamental.

Capítulo 6

Paradigmas, desempenho e lucro

Egoísmo não é viver como se deseja viver, é pedir aos outros que vivam como você deseja viver. – **Oscar Wilde**

Com frequência, muitas pessoas lidam com uma questão elementar: "Se o que as pessoas pressupõem serem resultados médios é estar tão abaixo da média, por que eles são tão populares?". A esta altura, já sabemos a resposta: a maioria das pessoas tem crenças arraigadas que são extremamente difíceis de superar. Você acha que tudo o que querem é simplesmente se libertar de sua existência mundana e medíocre, mas elas passeiam pela vida aceitando apenas o que lhes é dado. Elas se recusam a acreditar que há mais.

Passamos muito tempo falando sobre dominar as velhas crenças alojadas em sua mente. Esse trabalho é interno e deve ser feito por você. No entanto, esteja ciente de que, não importa quais novas ideias incorpore em sua vida, você será constantemente confrontado com os paradigmas daqueles que o rodeiam e da sociedade como um todo.

A palavra "paradigma" tem sido tão excessivamente usada, em especial no mundo dos negócios, que muitas pessoas não entendem de fato o seu verdadeiro significado. Um paradigma é uma coleção de crenças que são mantidas por um grupo de pessoas. Não é apenas uma crença mantida por uma única pessoa. Essas crenças são compartilhadas, transmitidas, e acredita-se nelas por gerações. Pegue o paradigma de que você precisa ter um trabalho tradicional. As seguintes ideias estão incluídas nesse paradigma:

- Você deve ter um emprego para ser um membro contribuinte da sociedade.
- Aqueles que dedicam muitas horas a um emprego são mais comprometidos e merecedores.
- Quanto melhor a sua educação, melhor o seu trabalho.
- Você deve competir com seus colegas de trabalho e ser o melhor para seguir em frente.

Essas ideias são transmitidas em ações e declarações de todos ao nosso redor. Elas são ensinadas em nossas escolas, a maioria de nós as transmite aos nossos filhos. Você pode não pensar que essas ideias são centrais para sua própria vida, mas responda o seguinte: quando você é apresentado pela primeira vez a uma nova pessoa, com que frequência você pergunta onde ela trabalha? Se o seu filho ou algum parente diz que não tem interesse em fazer faculdade, qual a probabilidade de você se preocupar e lhe perguntar como ele espera conseguir um bom emprego? Se alguém lhe disser que é autônomo, você se pergunta se na verdade ele quer dizer desempregado e que está desmotivado para trabalhar? Todos esses pensamentos são evidências de quão profundamente enraizado esse paradigma pode estar.

Assim que começa a questionar os seus pressupostos e pensamentos, você encontra algo conhecido como divergência previsível. A essa altura, você é capaz de ver a verdade – que esses paradigmas aceitos não são o que você quer para sua vida. E a mudança de mentalidade irá separá-lo daqueles ao seu redor – aqueles que não mudaram. Essa separação pode ser difícil. Os inalterados próximos a você tentarão constantemente trazê-lo de volta à maneira deles de pensar.

Os pescadores dirão que você pode pegar um balde cheio de caranguejos e nunca se preocupar com que eles escapem: qualquer caranguejo que tentar sair será puxado de volta para o balde pelos outros. É isso que acontece quando você tenta seguir um novo caminho, em uma direção que deixa os outros receosos. Você pode pensar que eles estão fazendo tudo o que podem para ficar em seu caminho e puxá-lo de volta. Mas o que estão fazendo de fato é projetando os próprios medos em sua situação. Eles podem até sentir que estão ajudando você, que estão afastando-o da decepção e do fracasso.

Se você quer realizar o que quer para a sua vida, deve ser capaz de resistir a essa pressão. Você tem que fazer o que os outros não farão. Tem que acreditar naquilo que é questionado por eles e se comprometer a manter o curso. Ao sair das normas e dos paradigmas aceitos em que a sociedade acredita, você tem a oportunidade de investigar o que a vida realmente tem reservado para você – não apenas aceitar os mesmos velhos resultados já esperados.

Crise de consenso

Quando vai no caminho oposto ao esperado – este sendo aquele que os outros acham que você deve seguir –, você pode se sentir isolado. É aí que entra em ação outro paradigma amplamente difundido, que eu chamo de *crise de consenso*.

Somos doutrinados desde os nossos primeiros anos a acreditar que trabalhar em equipe produz os melhores resultados. Para ser justo, isso pode ser verdade. Se você tem uma equipe esportiva em que os membros estão constantemente empurrando uns aos outros para patamares mais elevados, isso funciona em direção ao seu bem coletivo. Todos eles têm um objetivo comum e um acordo evidente sobre como esse objetivo será alcançado. No entanto, se você tem uma equipe em que o caminho para o objetivo, ou o objetivo em si, é indeterminado, então algo muito diferente acontece. À medida que as ideias são compartilhadas, o grupo tentará determinar um caminho com o qual todos os membros do grupo possam concordar – não necessariamente aquele que os levará a um objetivo da maneira mais efetiva ou rápida possível. Os membros que têm ideias muito ousadas ou vanguardistas serão derrubados, enquanto os que têm baixas expectativas serão encorajados a participar e ajudar.

Como resultado, o consenso se torna a ação que os levará adiante com a menor quantidade de risco. Alguns deles podem ter certeza de qual direção será melhor, e outros não. Como não conseguem concordar, chegam a uma solução com a qual todos podem viver, mas com a qual ninguém está realmente feliz.

É por isso que eu sempre digo: se você está realmente querendo mudar sua vida, é importante estar perto de pessoas com uma mentalidade semelhante. Se você tem que explicar suas ações e pensamentos para alguém que constantemente se recusa a entender, a sua determinação será desgastada ao longo do tempo e as dúvidas girarão constantemente em torno de você.

Embora você tenha que ser capaz de aceitar críticas, é mais importante avaliar a fonte dessa crítica. Se for advertido ou aconselhado por alguém que tenha experiência na área em que você está trabalhando, então você deve ouvir e dar a essas palavras um peso significativo. Se a pessoa não tem experiência, então você deve deixar essas palavras entrarem por um ouvido e saírem por outro.

Desempenho e lucro

Quase todos os vendedores ou empresários que conheço estão interessados na ligação entre desempenho e lucro. Quase todos os sistemas no mundo dos negócios relacionam esses dois conceitos em termos de causa e efeito. Se você fizer A, receberá B. Então, se quiser alcançar um objetivo específico, faz todo o sentido que você crie as ações que produzirão esse objetivo.

Isso é óbvio, além de amplamente entendido pela maioria das pessoas – e está totalmente errado! Quando se procura uma causa, quase nunca ela é uma atividade – é uma decisão ou intenção na mente. Por exemplo, se o seu objetivo era correr uma maratona, então é possível pressupor que, se você treinar muito, o seu objetivo será alcançado. Mas, se você de fato parar para pensar sobre isso, descobrirá que essas ações também representam um efeito. A verdadeira causa foi a decisão que você tomou, e continuamente toma todos os dias, de correr essa maratona. Sem que isso ocorra primeiro, você nunca se envolverá no treinamento necessário para provocar o efeito de correr essa maratona.

Se você quer alcançar a riqueza, então deve primeiro decidir fazer isso. Esse é o primeiro passo para criar uma mentalidade próspera que trará o resultado escolhido. O segundo passo é agir. A falta dessa distinção tão simples já contribuiu para muitas tentativas fracassadas. Se quer alcançar um objetivo que você definiu, a parte mais crucial é tomar a decisão de fazê-lo acontecer e acreditar completamente que ele irá acontecer. Não importa se você sente que está fora do seu controle. Não importa se você ainda não consegue ver como vai passar de A para B. Esses recursos irão se revelar depois que você tomar a decisão, não antes. Lembre-se sempre: creia para ver, e não o contrário.

Se você não adotar esse conceito, perderá muito tempo. O primeiro passo é decidir não entrar no jogo do "e se" nem perguntar às pessoas ao seu redor para ver se acham que você pode ou não conseguir o que quer. Se você quer abrir o próprio negócio, então decida o abrir. Se você quer mudar de carreira, então decida mudar. Se você quer gerar valor para a vida das pessoas, então decida gerar. Tantas pessoas perdem tanto tempo achando que deve haver mais alguma coisa. Elas muitas vezes passam semanas, meses ou até anos se perguntando se um objetivo específico é possível. Mas, se tivessem decidido de uma vez e agido, já o teriam conseguido. Quando você cria esse tipo de dúvida, acaba invocando a *lei da atração* – eu garanto isso. Mas ela irá funcionar contra você.

Já aconteceu de alguém contar a você um de seus objetivos e ficar na cara o quão insegura ela está? Ela diz coisas como: "Bem, eu vou tentar isso e ver como fica. Espero que dê tudo certo". Essa é uma evidência nítida de que uma decisão não foi tomada. Ela ainda está em fase de ponderação. Se alguém assim pedisse sua ajuda, você a ajudaria? Provavelmente não – por que você desperdiçaria seu tempo com alguém que não está comprometido? No entanto, se essa mesma pessoa lhe contasse sua ideia e você sentisse que ela acredita nessa ideia e que está totalmente comprometida com ela, então o quão ansioso você ficaria para ajudá-la?

Muitas vezes falamos sobre o fato de que o entusiasmo é contagiante e que todos nós queremos estar por perto e ajudar aqueles que estão comprometidos com seus objetivos e sonhos. É muito mais provável que você faça o que lhe peçam, porque você consegue ver que eles acabarão tendo sucesso de qualquer maneira. Você quer fazer parte desse sucesso! Você se sente energizado e motivado a contribuir para o sucesso de pessoas que estão evidentemente comprometidas com um objetivo que ressoa com você e que claramente gera valor para os outros.

É muito nítida a ligação entre mentalidade, desempenho e lucro. Está tudo interligado, são coisas que não existem por si sós. Se você tem uma mentalidade próspera, mas nunca age, então como vai conseguir qualquer tipo de lucro? Se você correr por aí tentando alcançar seus objetivos, mas em sua mente duvidar de que eles possam acontecer, irá falhar. Você não terá todo o poder criativo que seu subconsciente pode liberar se não acreditar no que está fazendo. Quando você tomar uma decisão objetiva e comprometida, ela abrirá as comportas universais, trazendo-lhe todos os recursos de que precisa, às vezes de maneiras aparentemente misteriosas ou impossíveis. Sempre que quiser definir uma nova meta para si mesmo, comece tomando a decisão de atingir essa meta e visualize-se cumprindo-a. Crie a crença e, em seguida, aja para fazer o seu sonho acontecer.

A expectativa irá recompensá-lo, mas você deve ser objetivo em suas intenções e comprometido com o que quer. É como plantar uma semente no solo. Você não planta a semente e depois diz: "gostaria que essa semente crescesse". Você simplesmente planta a semente e espera que ela cresça como uma consequência natural de a ter plantado e cuidado dela. Planeje o seu objetivo. Manifeste-o de tal modo que ele gere valor a todos que encontrarem você. Isso é muito importante. Metas criadas por medo ou por uma sensação de escassez irão trazer consequências terríveis.

Se você está tentando alcançar metas, mas foca puramente as etapas de ação, sem a mentalidade correta, então está sabotando a si mesmo. Se você fizer uma dieta e se exercitar como louco, ao mesmo tempo que pensa "Sou gordo, não tem jeito; está demorando muito", então seus pensamentos substituirão suas ações, e resultados negativos ou banais virão em seguida. Se você quer alcançar um objetivo, deve limpar todo o "tomara que" e "talvez" e "não consigo" da mente. Você não pode se permitir ter um pensamento negativo, e isso requer vigilância e prática constantes.

Não acreditar em si mesmo significa simplesmente que você está usando o seu próprio poder contra você. É como se estivesse implorando ao universo para se tornar rico dizendo: "Deixe-me ser indigente", e você nem percebe. Se você pensa em fraqueza ou a tem em mente, então manifesta fraqueza. Se você projetar seu poder fora de si mesmo e no mundo externo, culpando os outros ou forças de fora, você perde seu poder.

Comprometido com a ação

A fé não se senta no sofá e espera que o sucesso apareça! Você ficará sabendo de pessoas que se concentram tanto em usar a *lei da atração* por meio de sua mentalidade que não prestam muita atenção à ideia de ação. Simplesmente falar sobre mentalidade é apenas parte da história e pode levar alguns a acreditar que cumpriram com a sua obrigação. O sucesso requer ação e uma forte ética de trabalho – não uma atitude passiva e irresponsável.

A desculpa mais comum entre aqueles que possuem uma atitude passiva é a falta de tempo e oportunidade. Já discutimos a ideia de que a falta de tempo na verdade é uma falta de prioridades. No que diz respeito à oportunidade, bem, mais do que nunca há oportunidades disponíveis todos os dias para as pessoas desenvolverem suas habilidades e alcançarem o sucesso. A internet e a capacidade de iniciar um negócio em casa com pouco ou nenhum dinheiro tornam essa desculpa inútil. Infelizmente, o número de pessoas que optam por dar desculpas em vez de agir é tremendo.

Quando a maioria das pessoas não se depara com uma situação que é urgente ou imediata, é fácil para seus antigos sistemas de crenças inventarem desculpas e convencê-las a nunca mudar. No entanto, quando confrontadas com um conjunto de circunstâncias potencialmente fatais, em que é preciso apenas fazer algo para sobreviver, todas as desculpas desaparecem e nos tornamos criativos e bem-sucedidos em nossos esforços de resolução de problemas.

Um bom exemplo disso é uma situação em que uma mulher chamada Nancy se viu.

> *Durante anos, meu marido e eu vimos os caras do setor imobiliário na TV falarem sobre como você pode entrar no investimento imobiliário sem dinheiro. Nós até encomendamos o sistema que eles elogiaram e concordamos que era uma boa ideia. Na época, meu marido trabalhava com vendas e eu era assistente executiva. Pensávamos que, na hora certa, faríamos a mudança. Então deixamos a ideia de lado. A vida nos atropelou, nós dois estávamos ocupados com nossos empregos, nossos filhos eram jovens... Vivíamos uma vida agradável e realmente não queríamos muito. Nós não tínhamos nenhuma razão real para tentar, mas também não tínhamos uma razão convincente para não fazê-lo.*
>
> *Então, meu marido teve um ataque cardíaco, o que foi devastador. O coração dele foi muito afetado, e sua recuperação se estendeu por vários meses. Como suas vendas eram baseadas em comissões, perdemos essa renda. Fomos forçados a procurar uma maneira de ganhar dinheiro que não envolvesse atividade física por parte dele. A única coisa que tínhamos em casa era o programa de imóveis que havíamos encomendado. Enquanto eu estava no trabalho, ele foi aprendendo mais e, em seguida, colocou-o em ação dando telefonemas enquanto eu fazia o trabalho braçal.*
>
> *Fiquei impressionada com a rapidez com que acumulamos propriedades, embora não tivéssemos investido quase nenhum dinheiro. Em apenas alguns meses, conseguimos ter um bom fluxo de renda. No final do primeiro ano, substituímos por completo o salário dele, o que lhe permitiu ficar em casa e gerir os nossos investimentos. Era muito menos estressante do que seu antigo trabalho no setor de ven-*

das. No final do segundo ano, larguei meu emprego e agora vivemos o que eu chamaria de uma vida muito próspera.

Frequentemente discutimos o fato de que aqueles DVDs do programa estavam em nossa prateleira há quase dois anos e ignoramos a oportunidade até nos sentirmos forçados. O que estávamos pensando?

A experiência de Nancy não é incomum. Muitas pessoas investigam oportunidades ou negócios que poderiam produzir milhões para elas, mas nunca seguem as ideias ou as colocam em ação. O problema é que elas não assumiram esse compromisso sólido ou não tomaram a decisão de fazê-lo.

Tirando o olho do jogo

A ligação entre mentalidade, desempenho e lucro é nítida quando você olha para os vendedores. Ao longo dos anos, trabalhei com muitos deles, em particular no setor de seguros. Os vendedores muitas vezes culpam circunstâncias externas por sua falha em vender. É sempre alguma coisa: não era o lugar certo, o cliente em potencial não estava interessado. Alguns até citam a própria falta de inteligência ou dinheiro. E assim por diante. Aqueles de vocês que estão familiarizados com a área de vendas e marketing sabem exatamente do que estou falando. Você quase pode sentir a energia diferente em cada escritório com base nos pressupostos e nas atitudes dos seus vendedores.

Uma anomalia interessante, raramente observada, é que aqueles que têm os melhores desempenhos raramente estão presentes ou participam dessas sessões gerais de reclamação dos colegas. Na verdade, eles raramente se associam a tais colegas. Os melhores vendedores aprenderam, muitas vezes por meio de tentativa e erro, o quão importante é um estado de espírito positivo. Eles se protegem das energias negativas emitidas pelo restante da equipe e se concentram em seus objetivos. Isso é frequentemente conhecido como "estar de olho no jogo". Se eles perdem de vista o seu objetivo e mergulham nas desculpas que outros vendedores usam, os seus resultados padecem.

É comum que um vendedor enfrente períodos de declínio e que sua renda oscile sem controle. Muitos gerentes erroneamente tentam corrigir esse problema organizando um treinamento adicional para que os vendedores comecem a apresentar bom desempenho novamente. Se você entender a ligação entre mentalidade e desempenho, logo perceberá que o "treinamento" adicional é inútil. Os vendedores não se esqueceram de como vender de repente! Eles perderam a *crença* e a *expectativa* em sua capacidade de vender. Retrocederam a uma mentalidade negativa; concentraram-se na falta de vendas, em vez de em atingir suas metas. Ao se preocupar com o que não querem que aconteça, eles atraíram exatamente esse resultado.

Os melhores vendedores entendem o efeito de permitir que os outros influenciem sua mentalidade. Ao se segregarem o máximo possível, protegem sua mentalidade, e seu desempenho não apenas permanece superior como também é muito mais consistente, sem oscilações descontroladas em sua renda. Não faz diferença se você é proprietário de uma empresa, um vendedor, um consultor ou qualquer outra coisa. O que você acredita se manifestará em sua vida. Se você perder de vista o seu propósito ou permitir que influências externas afetem sua mentalidade, isso afetará sua capacidade de trabalhar.

As oportunidades existem e sempre existirão. A questão é se você será capaz de vê-las e aceitar o desafio apresentado por elas antes que desapareçam. Se você não aproveita a oportunidade quando ela lhe é oferecida, ela passa por você como se nunca tivesse existido. Atribui-se a Mark Twain a seguinte frase: "Aqueles que compram livros mas não os leem não têm vantagem sobre aqueles que não sabem ler". Assim como a experiência de Nancy, uma oportunidade colocada na prateleira para acumular poeira não ajuda você. Dito isso, entenda também que só porque você perde uma oportunidade não significa que nunca haverá outra. Elas estão em toda parte se você souber procurar.

Experiência

Quando você olha para as pessoas bem-sucedidas, pode parecer que elas têm um dom natural para a riqueza. É fácil se perguntar se elas nascem com certo conhecimento inato ou se esse conhecimento é adquirido por meio da experiência. Temos que passar por muitas falhas e erros antes que possamos finalmente aprender as habilidades necessárias para realmente fazer algo?

É importante saber que ninguém recebe passe livre no nascimento. Ninguém nasce sendo o melhor vendedor ou um empresário brilhante. Não existe essa história de vencedor nato, e também não existe a de perdedor nato. Embora seja verdade que cada um tem certas habilidades ocultas, é preciso descobri-las e desenvolvê-las, ou elas permanecerão para sempre adormecidas e inúteis.

Algumas pessoas são mais talentosas do que outras em certas áreas. Você pode até ter um talento para *algo* que ainda tem que descobrir ou entender por completo. No entanto, talvez fique surpreso em saber que uma pesquisa provou que, na grande maioria dos casos em que uma pessoa gerou a própria riqueza, apenas 10% de seu sucesso é talento, e os 90% restantes são fé e trabalho duro.

Há muitos que acreditam que Tiger Woods é um jogador de golfe nato. E certamente não há como negar seu talento. Mas ele apareceu pela primeira vez em rede nacional, no programa de Mike Douglas, em 1977, pouco depois de começar a jogar aos dois anos de idade. Jogava por horas todos os dias. Ele venceu seu primeiro grande torneio profissional em 1997. Vinte anos depois.

Se você começasse a trabalhar em direção ao seu sonho e passasse horas nele todos os dias, como veria seu sucesso daqui a vinte anos? Como você reagiria quando as pessoas o chamassem de vencedor nato? Desde quando esse sucesso predeterminado requer vinte anos de trabalho duro? Não requer. Tiger faz parecer fácil porque ele teve décadas para aperfeiçoar seu jogo. Ele ainda pratica todos os dias e não considera nada garantido. É um grande exemplo a se seguir. Não importa o quão fácil pareça para outra pessoa, muitas vezes há muito suor e trabalho duro por trás do que você vê.

Tiger se concentrou em seus interesses e escolheu fazer o que amava. Ele praticou e aperfeiçoou sua técnica por anos. Os interesses dele o levaram a descobrir uma habilidade natural, e ele desenvolveu e cultivou o seu talento para o sucesso. Uma tremenda quantidade de esforço (embora fazer o que você ama nunca pareça esforço), força de vontade, autoconfiança, tempo e repetição foram necessários para que Tiger alcançasse seu atual *status* de "golfista nato".

Se o poder de seus interesses e desejos for forte o suficiente, nada do que você tiver que fazer para alcançar seu objetivo parecerá difícil. Todo mundo pode se esforçar para ser um especialista em seu campo. Felizmente, nem todos têm os mesmos sonhos, interesses e objetivos. É essencial fazer o que você realmente quer na vida, porque o desejo é o catalisador que transforma o trabalho em prazer. Ter um talento acima da média em qualquer área é uma vantagem apenas no início, quando o crescimento vem mais rápido e com menos esforço. Uma vez atingido certo nível, a prática e a experiência tornam-se mais valiosas.

Você pode substituir a prática e a resistência pelo talento, mas o talento sozinho nunca substituirá o trabalho duro.

Nunca se esqueça, aqueles indivíduos ricos que você admira hoje tiveram seus fracassos e contratempos – mais do que a maioria, em muitos casos! As falhas não precisam ser negativas. Na verdade, elas são muitas vezes degraus para a grandeza. Somente na esteira de tais fracassos aquelas pessoas ricas alcançaram tal profundidade de sucesso. A aprendizagem é a base para boas decisões; e é cometendo muitos erros que ganhamos conhecimento e experiência. Boas decisões são baseadas em bom senso e experiência. A experiência vem de "exercitar" o mau julgamento, assim como o bom. Não desconsidere as suas tentativas malsucedidas, pois elas acabarão por lhe trazer sucesso.

Uma pessoa de sucesso que sempre tomará a decisão certa nunca existiu nem existirá. A pessoa de sucesso é única na medida em que olha para seus fracassos com a consciência de uma experiência de aprendizado, permitindo que cada um aprimore suas habilidades de julgamento e tomada de decisão. Cada falha a aproxima um passo do topo. A pessoa malsucedida não aprende nada e nunca vai além de seu fracasso.

Pessoas bem-sucedidas não consideram as más decisões como um desperdício de tempo, dinheiro ou energia; mas sim uma importante experiência de aprendizado. A rejeição não as incomoda muito. Elas ficam até felizes em receber uma recusa, identificar um mal-entendido ou perceber um erro no início do jogo, porque é mais fácil de corrigir, e gastarão menos energia indo na direção errada. Elas redirecionam sua energia para uma direção positiva e se dirigem a novas possibilidades. Se você adotar essa mentalidade, ninguém será capaz de impedi-lo de se tornar rico.

Posso lhe dizer que o sucesso é sempre mais doce quando contrastado pelos nossos fracassos. Uma pessoa que se eleva à riqueza do nada aprecia seu novo estilo de vida de uma maneira que alguém nascido com dinheiro nunca consegue. As religiões orientais dizem que não há bem sem mal, nem beleza sem feiura, nem sucesso sem fracasso. São esses dois extremos, opostos, mas parte um do outro, que equilibram perfeitamente a vida e a fazem funcionar. Eles chamam isso de *yin* e *yang*. Sem começo, não há fim. Não pode haver um começo sem um fim primeiro. O fim, como T. S. Eliot escreveu certa vez, "é de onde começamos".

As pessoas bem-sucedidas abraçam os dois extremos e os conhecem como partes iguais do mesmo todo. Elas aprendem suas características, aumentam o seu nível de conscientização e os aceitam como parte de si mesmas. É por isso que são capazes de ver a oportunidade em meio ao fracasso.

Elas não se distinguem dos que são malsucedidos por experimentarem menos decepções ou menos fracassos na vida. Elas sabem que a oportunidade está lá e simplesmente deixam de lado as emoções negativas do fracasso, a fim de procurar o bem. As pessoas bem-sucedidas usam as mesmas experiências que todos as outras, mas veem essas experiências por meio de sua mentalidade próspera, e estas se tornam sinais que as guiam no caminho para o sucesso. Já aqueles com mentalidade não próspera as veem como prova de fracasso na busca pelo sucesso.

Grandes sonhos, grandes erros

Pessoas ricas possuem seus próprios negócios. A fim de ter uma compreensão básica de como elas se tornaram bem-sucedidas, você também tem que ter uma compreensão de alguns dos maiores erros que elas cometeram. Eu construí a lista a seguir com base na minha própria experiência, bem como na experiência de outras pessoas ricas. À medida que treino as pessoas para iniciarem o próprio negócio, com frequência vejo muitas delas cometerem os mesmos erros. Estas dicas são voltadas para proprietários de pequenas empresas, em especial pessoas que estão apenas começando (ou prestes a começar) o próprio negócio.

1. Todos nós vendemos

Toda pessoa vende. Não importa se você vende um produto ou não. Uma mãe vende a seus filhos a ideia de que os legumes são ótimos. Os políticos vendem uma ideia de mudança para seus eleitores. Instituições de caridade vendem a ideia de sua causa aos doadores. Vender simplesmente envolve trazer os outros para a sua maneira de pensar. Embora vendas sejam importantes para a sobrevivência de qualquer empreendimento, você não precisa empurrar seu negócio para todos que conhece, incluindo amigos e familiares. Além disso, é uma perda de tempo tentar vender a pessoas que simplesmente não precisam do que você oferece.

Um dos primeiros erros que alguns novos empresários cometem é tentar vender para *todos*. É mais fácil vender para alguns clientes do que para outros. Por exemplo, um amigo meu é um consultor de negócios. Ele sabe que se um cliente em potencial está sem dinheiro e obsessivamente preocupado com cada centavo que gasta, ou se está convencido de que o problema está fora de sua empresa e resiste à ideia de mudar sua mentalidade, ele não será um bom cliente em longo prazo. A regra 80/20 se aplica aos clientes da mesma maneira que a outras áreas da vida: 20% de seus clientes causarão 80% de seus problemas. Se você puder eliminar esses clientes problemáticos antecipadamente, faça isso! Não sinta que você tem que dizer sim a todos que conhece. Ao ser seletivo, você irá evitar muitas dores de cabeça e irá liberar mais tempo para se concentrar em atender os melhores clientes.

No início da minha carreira, eu provavelmente dizia "sim" para a maioria das pessoas que me abordava com um potencial relacionamento comercial. Perdi muito tempo correndo atrás de negócios que talvez nem fossem ser fechados. Aceitei convites para almoço de vários empresários que só queriam ver se havia algum negócio que pudéssemos fazer juntos. Praticamente nenhum deles me gerou um centavo. Se você acha que uma reunião é inútil, é porque provavelmente é. Não se conecte com pessoas aleatórias só porque acha que deve. Hoje, aceito esses convites com muito menos frequência. Se uma oferta não me anima de imediato, eu geralmente a recuso. Você deve dizer "não" às oportunidades fracas para que tenha a capacidade de dizer "sim" às oportunidades mais promissoras.

2. Comprar um emprego

Alguns talvez pensem que eu falo demais sobre renda passiva. Mas a verdade é que, para gerar uma riqueza real, você deve entender que o fluxo do dinheiro é o rei. Muitos novos empresários iniciam ou compram um negócio de varejo que não apenas leva todo o dinheiro disponível como também todo o seu tempo. Na verdade, eles não fizeram nada além de comprar um novo emprego para si mesmos. Como muitas empresas tradicionais levam de três a cinco anos para começarem a ser lucrativas, os proprietários gastam tempo demais trabalhando de graça. Até que você tenha um fluxo de dinheiro constante entrando, não gaste seu precioso investimento inicial, a menos que seja absolutamente necessário. Existem muitas empresas, como marketing multinível ou marketing de afiliados, que exigem um investimento inicial muito pequeno e fornecem retornos rápidos, além de fluxo financeiro constante.

A sua empresa deve colocar dinheiro no seu bolso. Antes de "investir" dinheiro nela, seja preciso e pense sobre como vai receber esse dinheiro de volta. Na era do comércio pela internet, você pode muito facilmente iniciar um negócio lucrativo com alguns trocados. Esse fluxo de dinheiro pode então servir de apoio a quaisquer outras empreitadas comerciais que você possa querer iniciar.

3. Ser econômico demais

Só porque você pode começar as coisas de modo relativamente barato, não significa que deve permanecer sovina. Se você quer que o seu negócio cresça, há coisas pelas quais vale a pena pagar. Não deixe que a frugalidade atrapalhe a eficiência. Aproveite as pessoas qualificadas que podem ser contratadas para fazer certas tarefas com mais eficiência do que você. Compre um bom equipamento quando estiver evidente que receberá o retorno do investimento. Você não precisa exagerar nos móveis de escritório, mas obtenha algo funcional, que o ajude a ser mais produtivo. Não use um computador antigo, com software desatualizado que o atrasa, se puder pagar por algo melhor.

Leva tempo para desenvolver a sabedoria e saber quando você está sendo muito econômico ou muito desprendido com o seu dinheiro. Se você está apenas começando, pergunte a alguém com mais experiência. Muitas vezes, o próprio pensamento de obter uma segunda opinião deixa a escolha correta mais nítida em sua mente. Se você não pode justificar o gasto para alguém que respeita, ele provavelmente é um erro. Por outro lado, há situações em que é difícil justificar não gastar o dinheiro.

4. O verdadeiro você

Se você é novo nos negócios, não finja que não é. Não minta sobre o seu nível de experiência. Alguns trabalhadores autônomos pensam que devem se tornar atores e criar uma aura de experiência que na verdade não possuem. Tentar enganar seus clientes dessa maneira voltará para assombrá-lo. As pessoas podem sentir quando alguém não está sendo honesto e até mesmo aqueles que acreditarem em você descobrirão a verdade em algum momento. Se está tão desesperado para fechar um negócio a ponto de precisar mentir, então você não deveria estar começando seu próprio negócio. Se não pode gerar valor real e cobrar de maneira justa por ele, então você não está pronto para abrir o próprio negócio. Desenvolva suas habilidades um pouco mais primeiro.

5. Esquecer o relacionamento

Às vezes é fácil esquecer que contrato não é relacionamento. E não importa o quanto de legalês você coloca no papel, tudo se resume a relacionamento entre as pessoas. No final, um contrato é apenas papel e tinta. É comum que os contratos não sejam honrados. Mas geralmente tem a ver com uma quebra de relacionamento. Conheci muitos empresários que se concentram tanto em tentar forçar os clientes a honrar contratos que destroem completamente o relacionamento.

Muitas vezes, quando surge uma disputa, ela pode ser resolvida com uma reunião cara a cara. A notícia de que um cliente não está fazendo o que prometeu é o primeiro sinal de que o relacionamento está em apuros. Você deve tomar o tempo extra necessário para corrigir o problema.

Se o relacionamento for destruído, o contrato não o salvará. O objetivo de um contrato é definir objetivamente os papéis e comprometimentos de todos. Mas é o relacionamento, não a ameaça de ação legal, que, em última análise, determina o cumprimento desses compromissos.

Os negócios mais criativos e lucrativos quase sempre se desviam dos contratos em papel que os representam. As relações comerciais são semelhantes a outras relações pessoais – são dinâmicas e mudam o tempo todo. O que não quer dizer que os contratos escritos sejam desnecessários, só que são secundários em relação ao relacionamento. Simplesmente não cometa o erro de assumir que o contrato é o negócio. O verdadeiro negócio é o relacionamento. Mantenha seus relacionamentos comerciais em ordem e você não terá que se preocupar tanto com o que está no papel.

6. Ignorar sua intuição

Você talvez pense que a lógica é o motor subjacente dos negócios. Não é verdade. Se você basear todos os seus negócios em lógica rígida e ignorar sua intuição, não se tornará rico. Você pode se sair bem, mas não ótimo.

Os seres humanos nunca usam tanta lógica quanto gostam de pensar que usam. Simplesmente não temos dados suficientes para tomar decisões de fato lógicas. Por quê? Porque os negócios dependem de seres humanos, e não temos um sistema lógico para prever com precisão o comportamento humano. Não ser capaz de prever como as outras pessoas se comportarão em determinada situação remove a lógica como uma ferramenta. A intuição tem que preencher essa lacuna.

É difícil dizer "não" a um acordo que parece lucrativo segundo os números quando minha intuição está me alertando para ficar longe dele. Mas descobri que muitas vezes vejo evidências apenas mais tarde de que minha intuição estava certa o tempo todo. A intuição é uma parte crítica do processo de tomada de decisão nos negócios. Como eles dependem de relacionamentos, você deve aprender a ler as outras pessoas envolvidas em qualquer negócio que esteja considerando. Se você tiver uma sensação ruim quanto a elas, vá embora. Se tiver uma boa sensação, prossiga.

7. Traje a rigor *vs.* terno de negócios

Em alguns contextos, certo grau de formalidade nos negócios é apropriado. Mas, na maioria das situações comerciais, ser muito formal pode atrapalhar. Essas relações funcionam melhor quando há uma boa conexão interpessoal.

Eu acho que é um erro ser muito formal, mesmo quando se procura estabelecer novas relações comerciais. As pessoas não querem construir relacionamentos com corporações ou entidades sem rosto – querem relacionamentos só com outras pessoas. Trate seus relacionamentos comerciais como amizades ou amizades em potencial. Muita formalidade ergue muros, e os muros devem ser derrubados para criar boas relações comerciais. A formalidade também pode ser chata e tediosa. Você não quer que seus clientes simplesmente suportem sua presença. Se você demonstrar que tem uma personalidade real e um bom senso de humor, é muito mais provável que ocorra uma conexão.

Muitos empresários novos se levam a sério demais. Eles acham que agir de modo "sério" significa ser rígido, formal e pouco natural. Tenha cuidado. Isso pode criar um ambiente estranho e desconfortável, o que, por sua vez, pode dificultar que seus clientes façam negócios com você. Não tenha medo de mostrar sua personalidade. Isso pode ajudar as pessoas a relaxar. Por fim, você vai gostar muito mais do seu trabalho se atrair os tipos de clientes que querem trabalhar com você por quem você é. Então, nunca tenha medo de mostrar o seu verdadeiro eu.

8. Gere valor

Eis aqui uma armadilha na qual é fácil cair: pensar que o propósito de um negócio é ganhar dinheiro. Refaça mentalmente todo o caminho até o início: não se trata de dinheiro. Eu repeti isso diversas vezes e, neste contexto, é igualmente verdade. O verdadeiro propósito de um negócio é gerar valor. Em curto prazo, você pode ganhar dinheiro sem gerar muito valor. Mas, em longo prazo, isso é insustentável.

A sua empresa tem que gerar valor de alguma forma, tanto para você quanto para seus clientes. Quanto melhor entender o valor que está tentando fornecer, melhor poderá definir os clientes desejados. Muitas vezes, os empresários não têm uma ideia nítida do valor que estão tentando fornecer – só querem vender produtos. O mundo não precisa de mais produtos, mas sempre precisa e quer uma criação genuína de valor. E é para aí que você deve direcionar os seus esforços.

Embora a criação de valor seja essencial para um negócio sustentável, não é o único fator significativo. Você precisa encontrar uma maneira de entregar seu valor de modo econômico. É muito provável que a sua primeira tentativa não seja exatamente como esperava. Você vai desperdiçar tempo, dinheiro e recursos demais tentando produzir e entregar seu valor. E está tudo bem – você está aprendendo. Muitas empresas começam assim e depois aprendem a ser mais proficientes e eficientes à medida que avançam. Você também irá conseguir.

É preciso um esforço significativo para construir um negócio de sucesso, mas também é uma tremenda experiência de crescimento. Às vezes, você irá desejar que houvesse atalhos, mas as lições aprendidas e a experiência adquirida levarão você muito mais longe em direção ao caminho para a riqueza.

Revisão do Capítulo 6

- Você deve fazer o que os outros não fazem, acreditar no que eles questionam e estar comprometido a manter o curso.
- Passe tempo com quem tem uma mentalidade semelhante.
- Para ser rico, você deve primeiro decidir ser.
- Crie a crença e, em seguida, tome medidas para que ela aconteça.
- Não existe essa história de vencedor nato ou perdedor nato.
- O talento por si só nunca é capaz de substituir o trabalho duro.

Capítulo 7

Liberdade: quebre o padrão e elimine o que não importa

Somos criaturas de hábitos. Isso pode se manifestar de maneiras simples, como o tipo e o número de restaurantes que frequentamos, ou de modo tão complexo quanto o companheiro que escolhemos. Muitas vezes tomamos a decisão de mudar nossos padrões, apenas para descobrirmos que estamos lentamente retornando a eles pouco depois. A verdadeira mudança requer um comprometimento forte e contínuo.

Existe uma ligação inegável entre comprometimento e recompensa. Grandes objetivos exigem um grande esforço. Se o esforço for mediano, sua recompensa também será. No entanto, algumas pessoas acham que grandes objetivos são intimidantes por essa mesma razão – eles exigem um grande esforço.

O paradoxo da comparação

Como já discutimos nos capítulos anteriores, o dinheiro é uma mercadoria de troca. Ele não o muda – só mostra mais daquilo que você já é.

Ele fará de uma pessoa boa uma pessoa ótima e de uma pessoa ruim uma pessoa terrível. Se você se considera uma boa pessoa, então tornar-se rico não só irá ajudá-lo como também permitirá que você ajude os outros. A fim de melhorar a vida das pessoas ao seu redor, você deve buscar riqueza para si mesmo. Você não pode dar o que não tem. Infelizmente, muitas pessoas estão tão presas em seu estilo de vida "maria vai com as outras" que sacrificam a verdadeira riqueza pelo que podem obter agora.

É natural nos compararmos com aqueles que nos rodeiam. Como a maioria de nós carrega uma *atitude da média*, vemos nosso estilo de vida como estando dentro de uma faixa do que é confortável e comparável aos nossos amigos, vizinhos, pais e irmãos. Mas o que isso realmente significa é que estamos nos limitando por meio da comparação com os outros.

Criamos dentro de nossa própria mente uma ideia do "alcançável" em vez do "possível". Então, quando estabelecemos metas, começamos decidindo o que é alcançável e, em seguida, tomamos medidas para chegar a esse objetivo limitado. Um bom exemplo seria você olhar para sua conta bancária e seus extratos do que ganhou no ano passado. Isso representa o que você sabe que pode ganhar. Talvez, então, você possa decidir expandir um pouco para o que acha que pode ganhar, definindo o seu objetivo a partir disso.

Esse objetivo talvez seja algo entre 5% e 10% superior ao do ano passado. O problema não é que você não pode atingir esse objetivo – você pode! E talvez *esse seja o problema* – o objetivo é muito limitado para começar. Em vez de contemplar o que você realmente quer, você se força a uma série de passos muito pequenos para alcançar o que acha que pode alcançar. Uma vez que esses alvos são pequenos, eles exigem um pequeno esforço e na verdade não fazem com que você avance.

O paradoxo da comparação surge com frequência na área dos negócios também. Todos os anos, executivos de quase todas as empresas que conheço tentam fazer projeções para as vendas do próximo ano.

Eles estabelecem uma meta 5% a 10% acima da meta do ano corrente. Isso é extremamente baixo, mas estão tentando definir uma meta que eles sabem que conseguem atingir, e com o mínimo esforço. Muitas vezes, o conselho ou os proprietários da empresa pedirão uma meta muito mais agressiva de 30% ou mais e, em seguida, "se contentam" com 20%. Isso se torna mais um prognóstico do que um objetivo. Em vez de se esforçarem para ser número um de mercado, eles apenas se esforçam para melhorar o desempenho do ano passado. Os 20% se tornam seu melhor cenário possível. E se visassem o topo – mesmo que significasse dobrar suas vendas? Essa projeção de "alcançável" limita o que é possível antes mesmo que se tente.

O problema com o paradoxo da comparação é que ele nos permite acreditar que estamos estabelecendo metas e progredindo – o que é uma coisa boa na mente da maioria das pessoas. Mas, na realidade, isso nos limita a um resultado predeterminado e nos engana sobre o nosso verdadeiro potencial. Também estabelece um padrão interminável de decantação. Nós alcançamos metas insignificantes com pouco esforço e, quando as alcançamos, estabelecemos metas ainda mais insignificantes para prosseguir. É o que nos faz sentir seguros. Mas acabamos presos a esse padrão cíclico, frustrados com o nosso lento progresso e sem saber como resolver o problema.

A ironia dessa situação é que, quando desafiados com um grande objetivo, a resposta é de descrença. Nós já somos tão ocupados, como podemos alcançar um objetivo que é muitas vezes maior do que aquilo que já estamos fazendo? As pessoas que se veem nessas situações precisam estabelecer prioridades, além de eliminar todas as coisas que consomem energia mas não produzem quase nada.

Qualquer tarefa que você tenha que realizar parecerá mais importante em relação ao tempo necessário para realizá-la. Isso é conhecido como Lei de Parkinson. Quantas vezes você recebeu um prazo ridiculamente curto para um projeto, mas ainda assim conseguiu concluí-lo – e concluí-lo bem? Prazos curtos nos obrigam a nos concentrar e produzir, o que poderíamos fazer com muito mais frequência se assim escolhêssemos. Isso permite a compactação de projetos em menos tempo. Mas é preciso foco.

É aqui que a produção de uma lista diária de tarefas pode ser uma grande ajuda. Ao marcar as tarefas que vão sendo concluídas, você evita se distrair e perder o foco. Essa capacidade de se automotivar e evitar que você caia de volta no hábito de perder tempo é uma pedra angular do emprego autônomo e da verdadeira prosperidade.

Alterando padrões

Houve momentos em sua vida em que você decidiu fazer uma mudança. Talvez fosse parar de fumar. Talvez fosse voltar a estudar. Você sabe que é uma mudança para melhor e se sente comprometido com ela. Seis semanas depois, percebe que deixou a ideia escapar e voltou aos seus velhos hábitos.

Como nossos paradigmas e velhas crenças estão muito arraigados, decidir que queremos mudar muitas vezes não é suficiente. Até mesmo se comprometer não é suficiente. Encontrei um estudo realizado pela Universidade Brigham Young em 1993. Ele comparou as declarações que uma pessoa fez sobre determinada mudança em sua vida com a probabilidade de realmente incorporá-la. Os resultados foram os seguintes:

- Os que declararam "essa é uma boa ideia" tinham apenas 10% de chance de realmente fazer a mudança.
- Os que se comprometeram e disseram "eu vou fazer" tinham apenas 25% de chance de realmente adotar a mudança.

- Os que disseram *quando* fariam tinham 40% de chance de fazer a mudança.
- Os que definiram um *plano específico* de como fazer tinham 50% de chance de adotar a mudança.
- Os que se comprometeram com *outra pessoa* tinham 60% de chance de adotar a mudança.
- Os que definiram um momento específico para *compartilhar seu progresso* com outra pessoa tinham 95% de chance de realmente mudar.

Isso ilustra como é poderoso prestar contas a alguém. A responsabilidade aumenta muito suas chances de fazer o que diz que vai fazer. É por isso que é tão útil trabalhar com um coach ou mentor. Eles vão cobrar que você cumpra a sua palavra e fazer perguntas difíceis se não estiver à altura de suas próprias expectativas.

Com frequência, nos isentamos de responsabilidade muito facilmente. Inventamos desculpas e criamos a lógica que nos permite desistir. Embora possa dar algum trabalho encontrar uma pessoa que acredite o suficiente em seus objetivos para cobrar responsabilidade de você, vale a pena o esforço. Frequentemente encorajo as pessoas a procurar o apoio de um grupo *mastermind.* Esse é um grupo de indivíduos que têm objetivos e aspirações semelhantes. Se você tem reuniões regulares para compartilhar seu progresso e obter suporte, isso o torna responsável. O que pode se mostrar a diferença entre você ter sucesso ou ter dificuldade após dificuldade.

Para muitas pessoas, a ideia de se juntar a um grupo *mastermind* é um verdadeiro desvio. Mas muitas vezes é necessário fazer um desvio para de fato seguir adiante. Se pudesse se tornar um milionário por conta própria, você já seria um. Obter ajuda pode ser o melhor caminho a fim de aprender rapidamente e ter recursos a que recorrer se você se deparar com algo inesperado.

Afaste-se do currículo!

Ter um emprego é provavelmente o paradigma mais difícil de todos a ser superado pela maioria das pessoas. Mais do que qualquer outra coisa, é isso o que faz a maioria dos aspirantes a milionários tropeçar. Mesmo quando eles pensam que mudaram e começaram um novo negócio, muitas vezes descobrem que simplesmente compraram um emprego. Ainda não entendem realmente os princípios básicos da renda passiva. Conseguir um emprego e trocar seu tempo por dinheiro pode parecer uma boa ideia. Na verdade, a grande maioria das pessoas dirá que sim. No entanto, quando você começa a pensar na ideia de que o tempo é o seu único recurso não renovável, então parece terrivelmente improdutivo trocar sua mercadoria mais valiosa por uma quantidade definida de dinheiro.

Se você tem um emprego, só é pago enquanto estiver trabalhando. Isso dificulta a geração da verdadeira riqueza. Os fluxos de faturamento passivo permitem que você ganhe dinheiro o tempo todo, aproveitando seu tempo para máxima vantagem. Basta pensar em como seria maravilhoso ser pago enquanto você está comendo, dormindo ou de férias. Se você plantar uma semente, ela não irá crescer ainda que você não esteja lá? O rio não flui quando você não está olhando? O dinheiro tem a mesma capacidade.

Essa ideia de que devemos trabalhar quarenta horas por semana é arbitrária. É apenas um absurdo fabricado. Quem se importa com quantas horas você trabalha por semana? Se eu levasse um ano para escrever este livro, você iria achar que ele vale o dobro do que se eu levasse seis meses? Óbvio que não. Se fornecer algo de valor para as pessoas, elas não se importarão com quanto tempo você trabalhou para produzi-lo.

Você vai querer construir fontes de faturamento que gerem renda passiva de maneira contínua. Há muitos modos de fazer isso. Entre eles, podem estar a abertura de um negócio, a construção de um site, tornar-se um investidor, a geração de renda de royalties provindos de trabalho criativo, marketing de rede ou programas de afiliados. Isso tudo entrega valor contínuo para as pessoas e gera renda. A melhor parte é que são, em sua maior parte, passivos. Uma vez em movimento, prosseguem continuamente, quer você cuide deles ou não. Uma vez que tenha um, ou vários, fluxos de renda passiva, a maior parte do seu tempo pode ser investida no aumento de sua renda, refinando as fontes já existentes ou criando novas – em vez de apenas manter sua renda.

A internet oferece muitas oportunidades para fluxos de renda passiva. Pode levar algum tempo para começar a funcionar, mas um site com bons valores pode criar milhares de dólares todos os meses, fornecendo aos leitores ótimas informações e dicas. Registrar um nome de domínio é relativamente barato, e a maioria das ferramentas necessárias para executar o site (blog, carrinho de compras etc.) custam quase nada. Embora possa não ganhar milhares no início, o que passar do seu investimento inicial é puro lucro, então o que você tem a perder?

É importante reconhecer que você não precisa inventar a roda para ter algo que as pessoas valorizem. Olhe ao redor e veja o que já deu certo. Invista em algo que é certeza. Depois de começar, você não terá que trabalhar tantas horas para se sustentar e poderá usar esse tempo para ter ainda mais ideias. A livraria do seu bairro está cheia de livros contendo sistemas viáveis que outros já projetaram, testaram e provaram ser eficazes. Ninguém nasce sabendo como iniciar um negócio ou gerar renda de investimento, mas você pode aprender facilmente – e está cercado pelas ferramentas para fazer isso.

É importante lembrar que você não precisa ser o melhor na primeira tentativa. Não é o tudo ou nada. Se a sua primeira tentativa gera apenas algumas centenas de dólares por mês, esse é um passo significativo na direção certa. Não significa que é tudo o que pode fazer, ou o melhor que pode fazer – é apenas o primeiro passo.

Como estamos condicionados a pensar que um emprego tradicional é a melhor maneira de ganhar dinheiro, muitas vezes ficamos presos à ideia de que devemos ter experiência para sermos autônomos. Completamente falso. Você ganha experiência vivendo todos os dias e aprendendo lições que podem ser aplicadas a todas as áreas da vida, incluindo a criação de renda.

O problema de obter experiência a partir de um emprego é que você só pode usar a maior parte dessa experiência se tiver outro emprego que seja igual. Na maioria dos empregos, você aprende uma quantidade substancial no início, mas depois para e continua a repetir as mesmas tarefas várias vezes. Isso cria um ciclo estagnado e frustrante de repetição. Essa é uma das principais causas de insatisfação no trabalho. Criar uma renda única e inventiva estimula a mente e mantém você interessado na vida.

Algo notável e óbvio no ambiente corporativo é a falta de paixão. É como se os funcionários tivessem sido espancados até ficarem submissos. De quem foi a ideia de que as paredes cinzentas de um cubículo eram o melhor ambiente para um trabalho estimulante e eficiente? Vamos chamá-los do que eles são: deprimentes. Também é humilhante ter seu desempenho avaliado pelo seu chefe apenas para obter uma ninharia de aumento a cada ano. Quem pode dizer quanto vale o seu tempo e, mais importante, por que você deveria provar isso e depois implorar por mais algumas migalhas?

Do ponto de vista puramente de dinheiro e centavos, você tem que saber que a renda dos funcionários é tributada em uma base percentual mais alta do que qualquer outra. Empresários, investidores e autônomos podem aproveitar incentivos fiscais que não estão disponíveis aos funcionários. Os empregadores também consideram impostos e benefícios adicionais para os funcionários como parte do salário destes, mesmo que não vá para o bolso de quem trabalha. Embora seu valor real possa ser bastante alto, uma vez que todos esses custos e benefícios são deduzidos, você recebe uma parcela muito pequena. Ao se tornar proprietário de uma empresa, mesmo em um regime de meio período, é possível que você aproveite esses benefícios.

O medo pode ser uma força poderosa, especialmente quando você pensa em deixar a segurança que seu emprego tradicional parece lhe dar. O fato é que a segurança é apenas uma sensação. Se alguém tem o poder de mandar você embora a qualquer momento, então você não está seguro de forma alguma. No entanto, se tivesse várias fontes de renda das quais ninguém tem o poder de demiti-lo, você estaria no controle total do seu destino e ninguém pode acabar com isso ou mudar as regras sem a sua aprovação. Você não pode ter segurança se não tiver controle, e os funcionários são os que menos têm controle.

Um ambiente venenoso

Quantas vezes você já suportou um chefe irracional ou desinformado? Ou ficou frustrado com as políticas do escritório? Ou se perguntou por que os funcionários menos capazes e mais irritantes sempre parecem ser promovidos? Ser um funcionário pode ser extremamente estressante. Você teme a segunda-feira e não vê a hora de chegar a sexta. Você está à mercê de forças que não pode influenciar nem controlar e a falta de uma saída criativa pode ser esmagadora.

É quase o mesmo efeito de ter veneno inserido em sua mente e corpo. A sua vida e o seu espírito podem ficar tão destruídos que você se sente totalmente inútil. É por isso que, com frequência, os funcionários se referem à vida profissional como uma penitência. É irônico que muitos se refiram a seus empregos desse modo, associando-os aos prisioneiros trancados um presídio. Mas esses funcionários se *sentem* como prisioneiros – e o ambiente os afeta da mesma maneira. Muitos funcionários corporativos se institucionalizam – assim como os prisioneiros, se recusam a acreditar que há uma vida fora do mundo limitado que conhecem.

O efeito é agravado pelo fato de que, para muitas pessoas, o emprego é a principal válvula de escape social que têm na vida. Envolver-se nessa rede relacionamentos pode ser como deixar sua família para trás. Os colegas têm tanta experiência em comum – boa e, geralmente, ruim – que pode ficar difícil ter uma conversa com alguém que não esteja empregado na mesma empresa. Quebrar esses laços e sair por conta própria não é apenas assustador: parece que você está abandonando um grupo inteiro de pessoas. E, de certa maneira, você está. Está abandonando os paradigmas e as crenças enraizadas deles. E os que não estão preparados para essa mudança podem rapidamente se encontrar trabalhando em um emprego corporativo novamente.

Mas não é natural se conformar a um ambiente corporativo cheio de políticas sem sentido. A longa lista de regras que governam a vida profissional da maioria das pessoas é tão longa que você praticamente precisaria de uma graduação avançada para decifrá-la. Aqueles que aprenderam a se encaixar nesse mundo dificilmente conseguem acreditar que há um lugar onde esse tipo de governança regulatória não existe. Eles não conseguem imaginar que poderiam ganhar a vida sem alguém os fiscalizando a fim de regular como se vestem, como falam, com quem falam ou quais fotos têm em sua mesa.

Não é raro que aqueles que conseguem escapar desse tipo de cultura fiquem perplexos com o fato de que tanta gente a veja como o caminho seguro e correto. Mas, por causa dos paradigmas, das redes de relacionamentos e do medo de romper o *status quo*, pode ser extremamente difícil se libertar dela.

Se você é um funcionário satisfeito, pode reagir negativamente a esse resumo. Mas essa resistência é um componente do seu paradigma. É a ideia Y esbofeteando as suas crenças X. Em algum nível, porém, você também sabe que o que estou dizendo é a verdade – ou não teria nenhum tipo de reação, quanto mais uma reação emocional. Talvez tudo tenha acontecido tão gradualmente que você nunca percebeu; e, agora, sua mente está totalmente adormecida.

Se isso te deixa com raiva, é uma coisa boa. A raiva é uma emoção muito mais forte do que a apatia. É certamente preferível a ficar adormecido. Qualquer emoção – até mesmo o medo – é melhor do que a apatia. Se você trabalhar com esses sentimentos e se esforçar em direção à verdade, logo experimentará a coragem de mudar.

Perceba que você ganha renda ao gerar valor, não ao cumprir pena. Encontre uma maneira de ajudar os outros e cobre um preço justo por isso. Um dos maiores obstáculos que enfrentará é que você pode não ter nenhum valor real para oferecer aos outros. Você pode pressupor que ser um funcionário é o melhor que pode fazer. Talvez você esteja preocupado que não tenha tanto valor. Esse tipo de pensamento é parte do seu paradigma de "conseguir um emprego" – e é um completo absurdo. À medida que se concentra em seu propósito e visualiza seus sonhos, você logo irá reconhecer que tem uma enorme capacidade de ajudar os outros – e que as pessoas terão prazer em pagá-lo por isso. Há apenas uma coisa que o impede de ver imediatamente essa verdade: o medo.

Você não é o seu trabalho. Ele não define quem você é ou tudo o que tem a oferecer. O seu valor real é baseado em quem você é, não no que você faz. A única coisa que você precisa fazer é expressar seu verdadeiro eu para o mundo. Você foi condicionado a pensar que é improdutivo ou que não dá para ganhar dinheiro com isso. Mas você nunca conhecerá as verdadeiras felicidade e realização até encontrar coragem de fazer isso de alguma maneira. Aprenda a confiar em sua sabedoria interior, mesmo que o mundo inteiro diga que você está errado. O que eles sabem, afinal? Ninguém o conhece do jeito que você se conhece. Daqui a alguns anos, quando estiver no pico de sua montanha, você irá olhar para trás e perceberá que foi uma das melhores decisões que já tomou.

Seja o seu próprio chefe

Há muitos equívocos sobre o que é ser autônomo. Curiosamente, a maioria dessas ideias vem de pessoas que *nunca foram* autônomas! Mais uma vez, os paradigmas mantidos pelas massas têm muito pouco a ver com a realidade. Costumo falar sobre a realidade do trabalho autônomo, porque significa algo diferente para quase todos. Isso me permite dissipar alguns dos mitos e compartilhar o conhecimento daqueles que realmente sabem como é.

Realidade 1: você não precisa trabalhar por muitas horas

É verdade que muitos trabalhadores autônomos trabalham mais horas do que quem tem um emprego. Em grande parte, é porque gostam do que estão fazendo. Quando você conhece seu propósito e está focado em alcançar seus objetivos, é muito diferente de se sentar em um cubículo, jogar paciência e esperar até o fim do turno. Você está energizado, sente-se produtivo e fica animado com os eventos do dia. Raramente se importa de investir um tempo extra em alguma atividade. Sabe que a recompensa por esse tempo virá para você e somente para você – não para o seu chefe ou para algum acionista sem nome e sem rosto. A boa parte sobre as horas que você trabalha é que são de sua escolha. Essa flexibilidade por si só vale muito mais do que um emprego regular pode oferecer. Se você não gosta de trabalhar por muitas horas, então não precisa.

Realidade 2: trabalho autônomo não significa estresse adicional

O maior estresse que a maioria das pessoas enfrenta é decorrente de não poderem pagar por suas necessidades básicas. No entanto, dada a flexibilidade e a liberdade que o trabalho autônomo traz, é realmente muito menos estressante do que um trabalho em tempo integral por várias razões:

- Você escolhe quando e onde trabalha.
- Você escolhe as pessoas com quem trabalha.
- Você decide quando tira uma folga.
- Você tem a palavra final sobre tudo o que faz e não precisa seguir políticas ou procedimentos imaginados por outra pessoa.
- Não há avaliações de desempenho, períodos de experiência ou solicitações de férias.
- Você decide quando recebe um aumento e de quanto ele será.
- Você tem controle sobre sua vida e determina que caminho vai tomar.

Realidade 3: você não precisa vender o seu negócio para ganhar dinheiro

Durante a década de 1990, muitas pessoas começaram empresas de TI e software a partir do nada. Elas as construíam por alguns anos e as vendiam por milhões. Isso contribuiu para a ideia de que, para realmente fazer fortuna, você tem que vender uma empresa. Embora certamente possa construir um negócio para vender ou abrir o capital, você também pode construir um negócio para continuar produzindo um fluxo de caixa estável por um longo período. A ideia de renda passiva se baseia nesse tipo de pensamento. Você pode possuir vários negócios ao mesmo tempo e ganhar dinheiro com todos eles.

Você decide que tipo de negócio deseja. Se decidir que quer ser o próximo Bill Gates, isso é ótimo – não há regras estritas. A coisa importante a se entender é que o seu negócio tem de levá-lo ao topo da montanha, não importa de que tipo seja ou que tipo de fluxo de dinheiro ele produz. Você é livre para escolher, e essa escolha abre a porta para infinitas oportunidades.

Realidade 4: a diversificação é sua amiga

O trabalho autônomo gera muita discussão sobre risco *vs.* recompensa. A conclusão é que os seres humanos se sentem mais seguros quando têm o controle. O trabalho autônomo lhe dá controle sobre sua renda – muito mais do que com um emprego regular. Quando você é autônomo, ninguém pode demiti-lo ou dispensá-lo. Se você precisar de um dinheiro extra muito rapidamente, talvez seja difícil consegui-lo sendo um funcionário. Mas se é um proprietário que controla todos os ativos do seu negócio, então você tem a opção de redirecionar recursos para aumentar a renda, caso precise. O trabalho autônomo também permite diversificar para outras áreas ou setores, de modo que, se um fluxo de renda desacelerar ou desaparecer, existem outros que podem permanecer inalterados. Os empregados estão à mercê de um mestre – e esse mestre pode eliminar o seu cargo por capricho.

Realidade 5: você escolhe seus clientes

Como funcionário, você deve lidar com os clientes do seu empregador, quer goste deles ou não. Muitas corporações ainda vivem de acordo com o ditado "o cliente sempre tem razão". Você e eu sabemos que isso não é verdade. Há aqueles clientes que querem tudo de graça ou que estão convencidos de que quanto mais reclamarem, mais atenção e melhor serviço receberão. Se você é autônomo, tem a opção de se livrar de clientes que desperdiçam seu tempo. Simplesmente não vale a pena ter alguns clientes.

Você tem a capacidade de dizer "não" a qualquer um a qualquer momento. *Você é o chefe*. Não há razão para aturar um cliente que o está ameaçando ou insultando. Em algumas empresas, o mau comportamento por parte dos clientes parece ser recompensado. Mas você não precisa permitir isso! Você faz as regras. Não há necessidade de fechar negócios com pessoas que pensam que é delas a prerrogativa de tratá-lo mal. Você não vai querer tê-las como clientes – tampouco vai querer as pessoas recomendadas por elas.

Realidade 6: você tem uma ótima rede de relacionamentos

Mencionamos a ideia de que muitas pessoas temem deixar a rede de relacionamentos que construíram como funcionários. No entanto, se tudo o que você faz é passar tempo com outros empregados, isso não o levará adiante, não é mesmo? A maioria – se não todas –

das pessoas com quem passo o tempo são autônomas e interessadas na geração de riqueza. Quando escolhe se tornar autônomo, você irá desenvolver novas redes com pessoas que podem ajudá-lo e que pensam como você. Um trabalhador autônomo tem tempo para fazer *networking* durante o horário comercial sem se preocupar em ser repreendido por socializar demais.

Não há necessidade de se sentir isolado ou sozinho se você é autônomo. Mas é importante construir relacionamentos novos e fortes. Você pode descobrir que esses relacionamentos são mais fortes do que os anteriores; afinal, são relações com empreendedores animados, positivos e motivados. Você não se reúne para reclamar do chefe ou daquele memorando do RH. Você se reúne para falar sobre novas ideias, que podem levá-lo adiante e fazer você ganhar ainda mais dinheiro.

O trabalho autônomo também pode permitir que você socialize mais livremente com a família e os amigos do mundo todo, já que você não terá mais que encaixar suas visitas em um fim de semana prolongado ou em um feriado.

Realidade 7: o trabalho autônomo não é difícil ou complicado

Os trabalhadores autônomos não precisam saber como fazer tudo para que um negócio tenha sucesso – eles são apenas responsáveis por garantir que tudo seja feito. Pessoas que se tornaram autônomas há pouco tempo têm, por vezes, dificuldade em abrir mão de algo. Elas acham difícil delegar. No entanto, isso é essencial se você quiser usar seu tempo de modo mais eficaz. Por que gastar tempo cortando a grama quando você poderia estar trabalhando em uma nova fonte de renda?

Algumas pessoas tentam tornar o fato de ser dono do negócio o mais difícil possível. Muitas vezes, no fundo da mente, ainda podem ter a crença de que ganhar dinheiro tem que ser difícil. A verdade é que pode ser tão simples quanto você escolhe que seja – mas definitivamente não é difícil.

O trabalho autônomo também pode transmitir a ilusão de ser muito complicado. Impostos, organização legal, seguros e muitos outros detalhes da propriedade da empresa podem parecer esmagadores. Há certamente uma curva de aprendizado, mas essas não são questões complicadas – em especial para pequenas empresas. À medida que sua empresa cresce, você pode pagar por conselhos de especialistas se estiver desconfortável. Não deixe que a curva de aprendizado inicial o intimide ou o confunda. Depois de se estabelecer e aprender o básico com o seu primeiro negócio, todo esse conhecimento será imediatamente aplicável para o seu próximo negócio – e você terá um! –, economizando o seu tempo e o seu dinheiro.

Realidade 8: você pode começar com pouquíssimo dinheiro

Quanto é pouquíssimo? Há uma abundância de negócios em que você pode entrar por uma quantidade muito pequena de dinheiro. À medida que esse negócio aumenta de valor, você expande suas oportunidades. Isso significa que você não precisa colocar tudo o que tem em um negócio para começar a ganhar dinheiro. Se gerar valor e fornecer algo em que os outros estejam interessados, você *irá* lucrar. Se você é capaz de ter um investimento de tempo específico e ser pago repetidamente, então também pode criar uma fonte constante de renda passiva. Um bom exemplo disso é escrever um livro. Você gasta o esforço uma vez e continua a vender por anos.

Pense em como esse tipo de conceito afeta as pessoas que estão empregadas. Vamos fingir que você é um desenvolvedor de software. Se projetar um sistema enquanto trabalha em troca de salário, você recebe o mesmo – se esse programa é bom ou ruim, não importa. Se funcionar bem, o seu empregador irá ganhar dinheiro com ele por anos. Enquanto isso, você passa a desenvolver seu próximo programa, que irá gerar dinheiro para ele, mas ainda assim recebe o mesmo salário.

Compare isso com esta ideia: desenvolva seus próprios programas e venda-os para outras pessoas. Agora você cria uma nova fonte de renda com cada ideia criada por você, o que o beneficia por toda a sua vida. Quando você olha para os dois cenários, está essencialmente fazendo o mesmo trabalho, mas em um você recebe um valor definido e no outro sua renda é ilimitada. Tudo o que é preciso é uma boa ideia e vontade de trabalhar. Não são necessárias grandes quantidades de dinheiro, e as recompensas são tremendas.

Não tenha medo do desconhecido

Não importa o que eu lhe diga ou quão convincente seja um argumento meu, você ainda tem que escolher deixar de lado as dúvidas em sua mente. Espero que algumas dessas realidades ajudem a combater seus medos e suas crenças existentes sobre o que realmente é ser um empresário. Muitas pessoas têm pesadelos sobre morrer de fome na jornada do trabalho autônomo, mas esses medos irracionais não retratam a realidade. O trabalho autônomo é um poderoso catalisador para o crescimento pessoal. Muitas vezes, o maior valor vem das lições e da autoconfiança que você ganha ao longo do caminho. Você nunca sentirá verdadeiramente a alegria de ser seu próprio chefe até que finalmente deixe de lado um trabalho tradicional e sua falsa sensação de segurança. Assim como com um bebê que aprende a ficar de pé segurando móveis, você deve, por fim, estar disposto a largá-los para andar – e depois correr.

O medo do desconhecido diminui com o tempo. Você se acostuma a confiar em seus próprios instintos e julgamentos. Ele nunca irá desaparecer completamente. Depois de desenvolver uma mentalidade próspera, no entanto, você será capaz de lidar com esse medo e colocá-lo em seu devido lugar. É aí que você irá alcançar os seus objetivos.

Revisão do Capítulo 7

- A mudança real requer um comprometimento forte e contínuo.
- A prestação de contas aumenta sua chance de sucesso.
- Ser bem-sucedido não é uma mentalidade de tudo ou nada.
- A propriedade da empresa permite que você aproveite significativas isenções fiscais.
- Você não tem segurança se não tiver controle.
- O seu valor real é baseado em quem você é, e não no que faz.
- O trabalho autônomo é um poderoso catalisador para o crescimento pessoal.

Capítulo 8

Acelere e acalme-se

Quantas vezes você já se sentiu importunado e traumatizado pelo ritmo da vida? Muito tem sido escrito sobre estresse e esgotamento, e milhares sofrem com isso todos os anos. Pressupomos que as pessoas estão cansadas e desgastadas porque estão indo rápido demais – essa é a coisa mais fácil de fazer. Mas eu descobri que desacelerar e direcionar minhas energias com foco permite que me mova com calma e confiança – e me sinta muito mais realizado! Quando remove a preocupação e a incerteza de sua vida, você pode avaliar com calma e agilidade os passos que o levarão em direção aos seus objetivos.

Milhões de pessoas anseiam pela paz na vida que levam porque vivem no caos absoluto. Os seus relacionamentos são instáveis, as suas carreiras, opressivas, e suas finanças estão à beira do colapso. Eu prometi no início deste livro que lhe diria a verdade; se você está vivendo no caos agora, posso lhe dizer que é porque *escolheu viver assim*. Pode ser difícil de aceitar, mas, se você tiver alguma dúvida, uma rápida avaliação irá revelar a verdade.

Dê uma olhada nas pessoas com quem você passa o tempo – família, amigos ou colegas de trabalho. Quantos deles demandam grande parte de seu tempo? Quantos deles retribuem o favor e quantos tiram vantagem? Aprenda a diferença e distancie-se daqueles que esgotam seu tempo, para que você proteja o seu próprio bem-estar.

Às vezes, essa distância só precisa ser temporária para ser eficaz; mas você não pode mudar sua maneira de pensar se velhos paradigmas o cercam. Tirar uma semana de férias pode ser muito eficaz para mudar o estado de espírito. Assim que você retornar à sua vida normal, ficará nítido quais pessoas estão gerando a energia negativa que você precisa evitar.

Se você tem pavor de seu trabalho todo santo dia, por que fica nele? Já tentou obter algum tipo de renda passiva e resgatar a si mesmo – ou você simplesmente aceita isso como sua sorte na vida? Se você está lendo este livro, provavelmente já leu outros sobre criação de riqueza, mas você de fato tentou alguma coisa que esses livros sugeriram? Você os deixou na prateleira para juntar poeira.

As finanças são a principal fonte de caos na vida da maioria das pessoas. Mas elas continuam fazendo coisas que criam *ainda mais caos*. Como têm uma mentalidade de escassez, essas pessoas concentram todas as energias no que não têm. E o que elas atraem para si? Mais do mesmo. Elas acabam se envolvendo em comportamentos que aumentam suas dívidas e desvalorizam seu tempo.

Tome Amy como um exemplo:

> *Eu tinha vinte e poucos anos e era mãe solo quando senti que minha vida havia saído do controle. Namorei homens que eram emocionalmente carentes e demandavam muito tempo. A minha filha tinha quatro anos e era uma fonte constante de estresse. Não conseguia fazer com que ela seguisse nada do que eu pedia.*
>
> *Eu havia trabalhado no setor de cobranças por quatro anos e ganhava muito pouco dinheiro. Estava sempre no vermelho. Parecia que eu era*

incapaz de ter até as coisas que outras pessoas tinham e nem se davam conta. Nunca conseguia tirar férias. Passava os meus dias de folga em casa, me preocupando em como pagar as contas no mês seguinte.

Certo ano, minha chefe perguntou se eu estaria interessada em ajudar uma amiga dela nos fins de semana, trabalhando como assistente pessoal. Eu prontamente aceitei, pensando que isso poderia me dar um pouco de dinheiro extra. O nome da mulher era Linda, e ela trabalhava fora de casa, administrando um negócio de marketing de rede.

Eu ia para a casa dela todos os fins de semana. Fiquei espantada com a maneira como essa mulher vivia. Ela não parecia se preocupar com nada! Eu não conseguia compreender. O dinheiro parecia fluir diretamente para ela como mágica. Eu a observava de perto, tentando descobrir o que a tornava tão especial; mas ela parecia ser normal. Eu simplesmente não entendia. Depois de algumas semanas, enfim me dei por vencida em relação à minha frustração: deixei escapar que simplesmente não era justo – a vida era tão fácil para ela, e tão difícil para mim.

Linda fez com que eu me sentasse. Ela foi muito direta. Disse que eu era literalmente um ímã para o caos, e que meus resultados se deviam à maneira como eu pensava sobre a vida. Disse repetidamente que eu tinha criado a vida que eu estava vivendo, e que a única maneira de mudar aquilo era escolher mudar meus pensamentos.

Fui para casa e chorei até não poder mais – não porque ela estava errada, mas porque estava certa. Eu tinha feito isso comigo mesma. Eu conseguia olhar para trás e identificar cada escolha que eu havia feito e que havia me colocado exatamente onde eu estava.

Aquele foi um momento decisivo. Aprendi a remover o caos da minha vida e a criar uma mentalidade próspera. Entrei na mesma empresa que Linda e montei o meu próprio negócio com a orientação dela. A confiança nova e calma que ganhei atraíram pessoas diferentes para a minha vida. Logo, eu tinha um parceiro que me apoiava e amava. À medida que eu reduzia ou eliminava minhas atividades sem importância e escolhia injetar mais calma em minha vida, minha filha de repente se tornou mais obediente. Ela estava sofrendo com o caos negativo que eu havia criado, e sua rebeldia era como demonstrava o estresse.

A minha vida agora é pacífica e serena. Não me preocupo mais com dinheiro. Eu nunca mais serei um ímã para o caos!

Antes de assumir a responsabilidade por sua situação, Amy reclamou que a vida era injusta. Isso é bastante comum. Mas ela descobriu que a vida era totalmente justa: *ela havia feito as escolhas que a levaram ao que ela chamou de caos*. Você pode escolher o caos, ou pode escolher a paz – tudo depende da sua vontade de assumir a responsabilidade. E essa decisão cabe a você!

Ignorando o insignificante

Lembra quando falamos sobre priorizar suas atividades? Dissemos que você deve reduzir ou eliminar o maior número possível de tarefas sem importância. Isso lhe dará tempo e energia para se concentrar em seu caminho – o caminho que o levará aos seus objetivos. Posso dizer com confiança que mais ou menos 50% do que a maioria das pessoas faz todos os dias é completamente irrelevante se considerarmos o panorama geral. Eu também vou lhe dizer o quão difícil é evitar ser drenado por pequenas tarefas urgentes. Você parece enfrentá-las sempre, eu sei. Elas simplesmente não desaparecem, e pode ser preciso alguma prática para aprender a dizer não. No mínimo, adie-as para um momento melhor, assim você não se distrai do que é importante.

Muito tem sido escrito sobre a questão da multitarefa – a capacidade de fazer várias coisas ao mesmo tempo. Alguns sugerem que essa é uma maneira de ser mais eficiente. O que é uma das grandes falácias da nossa era. Se você dividir o seu foco, não poderá fazer nenhuma das tarefas muito bem. E esse foco dividido pode ser realmente muito perigoso. Pense em dirigir e falar no celular, tudo isso enquanto lê um mapa! Você não saberá para onde está indo, não conseguirá entender muito bem a conversa – e pode ser que acabe fora da estrada!

Pense nisso como uma metáfora para o novo caminho que você está tentando criar. Há um falatório em seu ouvido e você não sabe de fato para onde se encaminha – mas ainda assim está indo. Pense em qual deles é o mais importante: naturalmente, eu diria o mapa. Mas por quantas pessoas você já passou e viu que elas estavam conversando, com uma mão no volante e o mapa estendido no colo? Elas escolheram acreditar que, ao amontoar ações em cima de ações, estão obtendo mais ou melhores resultados.

Como a maioria dos outros paradigmas assimilados pelas massas, isso está de ponta-cabeça. Por que você acha que as pessoas muito ricas, em grande parte, contratam alguém para levá-las aonde precisam ir? Para que possam se concentrar em outra coisa e usar esse tempo de modo eficaz, sem arriscarem a vida. Elas entendem o poder de se concentrar por completo, a fim de ter o melhor resultado.

Mesmo que estejamos usando nosso tempo de maneira muito eficaz por meio do foco em nossos objetivos, não significa que devemos apenas ir sem parar. A sua mente precisa de descanso; então você precisa encontrar um equilíbrio, alternando entre ação, avaliação e descanso. Muitas vezes, quando vamos o mais rápido que podemos, é apenas um disfarce para o medo; pensamos que, se enfiarmos o máximo que pudermos em cada minuto, certamente teremos sucesso. Mas se você desacelerar e olhar de fato para o que está realizando, verá que está fazendo tudo – exceto o que é realmente importante. Você não pode alcançar grandes resultados com um alto volume de atividades; então muitas delas são energia desperdiçada.

Há uma citação de Mohandas Gandhi que eu gosto muito: "Há mais na vida do que aumentar a sua velocidade". Os avanços na tecnologia aceleraram nossa vida substancialmente no século passado e, sem dúvida, a melhoraram. Mas isso também aumenta a chance de que atividades de baixa prioridade e corriqueiras compitam com atividades verdadeiramente importantes para o nosso tempo. O resultado é um estilo de vida frenético e caótico. Há tantas tarefas que podemos realizar; muitos de nós tomamos isso como justificativa de que precisamos fazer todas elas.

Talvez pensemos que essas são pequenas coisas, que não demandam tanto tempo ou esforço, mas desperdiçamos muita energia separando e priorizando todas essas tarefas. Gastar essa energia rouba a que deveria ser dedicada a tarefas importantes – aquelas que nos aproximam de nossos objetivos.

Essa mentalidade de "fazer tudo" cria um pânico: quanto mais coisas você tenta fazer, mais o pânico aumenta; você sente o estresse horrível de "ficar para trás". É por isso que é tão importante dar um passo e definir prioridades. Você tem que estar disposto a desapegar do que é insignificante; afinal, irá precisar da sua sanidade se quiser realizar algo significativo!

Você precisa entender que, embora tenha o poder de escolher, simplesmente não pode escolher tudo. Pense em crianças pequenas em uma loja de doces: elas querem tudo, mas suas mãos – e o estômago! – só aguentam uma certa quantidade. Mesmo percebendo isso, você as verá pegando coisas novas, deixando cair outras – ainda tentando conseguir o impossível e fazendo a maior bagunça no processo. E isso pode durar horas! Se o pai da criança tivesse dito no início que ela só poderia pegar um ou dois doces, ela teria gastado tempo avaliando qual deles realmente queria. Isso a teria feito se concentrar – e o objetivo, de obter o melhor doce, que traz mais satisfação, teria sido alcançado muito mais rápido, gastando muito menos tempo e energia.

Agora pense nessa situação nos termos da sua vida. Estabeleça regras para si mesmo de modo semelhante. Você sabe que tem uma quantidade limitada de tempo; você tem que ter uma maneira de avaliar o que faz com ele, ou não vai realizar nada. Você precisa ter sabedoria para avaliar efetivamente as tarefas, e integridade e firmeza para fazer escolhas críticas a respeito daquilo de que deve abrir mão.

A importância do pensamento crítico

As massas são fascinadas pelo sensacionalismo. Os tediosos detalhes da vida das celebridades fornecem um fluxo constante de baboseiras irracionais que mais e mais pessoas aceitam como parte do que normalmente consomem da mídia. Quanto mais controverso e estranho, mais atenção algo recebe. Ainda que as próprias pessoas que vivem a vida com esse tipo de notoriedade muitas vezes se destruam, milhões sonham em ser como elas. Imitam o comportamento que veem e, não raro, trazem enormes quantidades de drama e estresse para a própria vida.

Aqueles que buscam riqueza não podem ser atraídos por esse drama. Eles devem aprender a pensar criticamente. Isso inclui identificar e avaliar os paradigmas que seguimos. Quais ajudam você, quais o atrasam? De onde eles vieram e qual é a real verdade que precisa ser reconhecida para que uma real mudança aconteça?

Todos nós pensamos, o tempo todo. No entanto, muito do nosso pensamento é um reflexo direto das ideias que acumulamos e dos paradigmas que criamos e aceitamos como resultado. Raramente paramos e questionamos essas suposições antes de permitir que elas afetem nossa vida e influenciem nossos resultados. Por essa razão, muito do seu pensamento será tendencioso, distorcido, parcial, desinformado ou simplesmente errado.

Agora pense nisto: a qualidade da sua vida depende precisamente da qualidade de seus pensamentos. O mau pensamento é caro, tanto em termos de dinheiro quanto em qualidade de vida. A excelência no pensamento, no entanto, pode ser aprendida e cultivada ativamente.

O pensamento crítico não é inato e nem natural em ninguém. Mesmo aqueles que normalmente são muito críticos em seu processo de consciência podem estar sujeitos a episódios de pensamento indisciplinado ou irracional. Isso se aplica em especial a momentos muito emocionais ou pensamentos que desafiam um paradigma profundamente arraigado.

O pensamento de qualidade é tipicamente uma questão de grau. Entre outras coisas, depende da qualidade e profundidade da experiência em uma determinada área. Ninguém é um pensador crítico por completo; o pensamento crítico só é alcançável até um nível específico, e esse nível pode mudar. Por essa razão, o desenvolvimento da habilidade de ter pensamento crítico é um esforço que dura a vida toda. Você nunca para de aprender ou de melhorar sua habilidade de pensar criticamente – nem deve ser muito duro consigo mesmo devido a um eventual lapso.

Nunca é demais dizer: o pensamento crítico envolve aprendizado contínuo. Eu me considero um estudante vitalício de todas as áreas do crescimento pessoal. Ninguém pode aprender tudo o que há para saber sobre como pensamos ou o que nos motiva a viver nossos sonhos. Mas todos nós podemos ser estudantes da vida. Isso significa explorar novas ideias; seja lendo, ouvindo, observando, conversando, aprendendo com os outros ou apenas tentando – talvez ao começar um novo negócio. Devemos todos manter a mente aberta ao que cada uma dessas atividades pode nos ensinar.

A aprendizagem ao longo da vida é uma vontade de continuar explorando as muitas aventuras que a vida tem para oferecer. Os benefícios dessa disposição são tremendos. Você desenvolve um maior entusiasmo pela vida. A sua autoestima aumenta, juntamente com o seu autorrespeito. Você fica mais interessado e engajado no mundo ao redor. Talvez isto seja o mais importante: você se torna um canal para novas ideias que pode repassar àqueles à sua volta. Você se torna o que você procura – um instrumento para a aprendizagem ao longo da vida.

E a autoaceitação?

Muitas vezes me perguntam como equilibrar a autoaceitação com o desejo de crescer e desenvolver uma mentalidade próspera. É importante buscar melhorias em todas as áreas da vida. Mas cada um de nós começa a ascensão para uma mentalidade próspera em diferentes níveis. Lembre-se de que não há razão para se sentir mal se alguém parece estar ascendendo mais rapidamente do que você – e, mais importante, esse tipo de sentimento de insegurança é muito contraproducente, como a *lei da atração* nos mostra.

Também não é desculpa para desistir e aceitar onde você está agora. O objetivo dessa jornada é entender por que você é do jeito que é e quais conceitos moldam seus pensamentos. Avaliar criticamente sua situação, e como você chegou nela, é muito diferente de usar a autoaceitação como uma desculpa para se esconder e nunca tentar.

A maioria das pessoas está presa em algum lugar entre o total comprometimento com os próprios objetivos e a aceitação de sua sorte atual. Muitas pessoas se apegam à ideia de que, se você se comprometer a melhorar a si mesmo todos os dias, então obviamente não aceita quem você é hoje. Bobagem! Essas ideias derivam de um mesmo pensamento retrógrado – e estão igualmente erradas! Se aceitar a responsabilidade por suas decisões e os resultados que alcançou em sua vida até agora, você será muito mais capaz de seguir em frente e tomar melhores decisões, que produzem melhores resultados.

O fato de que a imagem que as pessoas têm de si próprias simplesmente não é muito precisa acaba sendo, para a maioria delas, um grande impeditivo na busca pela autoaceitação. Elas têm uma autoimagem distorcida – e muitas vezes negativa –, o que as impede de ver as coisas em termos realistas. A nossa autoimagem é desenvolvida ao longo de toda a vida, e muda com o passar do tempo. Se você já teve os mesmos problemas com dinheiro vindo à tona uma ou outra vez, ou teve um negócio que falhou e teve que declarar falência, você pode desenvolver a ideia de que você não é bom com dinheiro e não vale a pena tentar.

A esta altura, espero que você saiba que isso simplesmente não é verdade. As ferramentas para o gerenciamento de dinheiro podem ser aprendidas por qualquer pessoa. Então você não é "ruim com o dinheiro" – você simplesmente nunca aprendeu a gerenciá-lo, ou a atraí-lo para sua vida. Isso pode ser facilmente corrigido – mas se você desenvolveu uma autoimagem com essa ideia de ser "ruim com o dinheiro" como algo absoluto, então pode nunca aceitar o que é realmente possível.

A autoimagem é a visão pessoal que você tem de si mesmo. Se ela for negativa, dificulta sua tentativa de mudança. A sua autoimagem permite que você crie rótulos que descrevam quem você é e o que você pode fazer. Esses rótulos podem incluir coisas como inteligente, rico e criativo. Também podem incluir coisas como estúpido, gordo ou inútil. Esses rótulos formam uma visão geral do equilíbrio de nossas qualidades boas e ruins.

A autoimagem é uma pressuposição aprendida de quem nós somos. Pais e professores muitas vezes fazem a primeira e maior contribuição para a nossa autoimagem geral. Como eles nos respondem e nos tratam tem impacto no desenvolvimento da imagem de quem somos em nossa mente. À medida que somos expostos a amigos e parentes, essa imagem se torna mais definida. Quando chegamos à idade adulta, relacionamentos e experiências reforçam o que pensamos e sentimos sobre nós mesmos.

A imagem que você vê em sua mente pode ser um reflexo preciso de quem é, mas na maioria das vezes é distorcida. Os pontos fortes e fracos aprendidos quando criança se tornam internalizados e afetam seus resultados como adulto. Essa autoimagem não é estática; é dinâmica e está sempre mudando. Avaliamos constantemente como os outros respondem a nós e como nos sentimos em relação a essa resposta. Nós nos comparamos e desenvolvemos uma ideia de qual seria a nossa posição. Isso dá uma noção do nosso valor geral para os outros e para a sociedade como um todo.

O fato de que sua autoimagem pode ser alterada permite que você desenvolva uma visão mais saudável e precisa de si mesmo; isso significa que você também pode alterar as distorções que limitam o seu progresso. Mas, para efetuar essa mudança, você deve primeiro ser capaz de dar um passo para trás e avaliar a própria autoimagem.

Que ideias tem sobre si mesmo e quais rótulos você criou? Vamos pegar esta: "Eu sou burro". Isso geralmente decorre de algo que você ouviu ou de um incidente específico quando era jovem que causou constrangimento ou medo. As crianças frequentemente interpretam essas emoções como "se sentir burro". À medida que esse rótulo mental é levado adiante, parece natural assumir que você é burro; e você se limita a acreditar que, para as coisas difíceis, não vale a pena sequer tentar, porque você é incapaz de ter sucesso.

Essa é uma circunstância terrível, tornada ainda pior a depender de quão longe da realidade de fato ela está. Primeiro, você tem que entender que é tão inteligente quanto qualquer outra pessoa. Além disso, como discutimos, você não precisa ser um gênio, ou ter uma boa educação, para se tornar rico. Você também precisa olhar para todos os rótulos que aplica a si mesmo e perceber que eles podem muito bem derivar de uma suposição de infância que é completamente infundada.

Em seguida, você tem que parar de se comparar. Esta é uma versão interna do paradoxo da comparação: você julga se é inteligente, bonito ou abastado com base naqueles que o rodeiam. É assim que a maioria de nós chega à ideia de que somos medianos: em comparação com nossos colegas, parecemos mais ou menos os mesmos.

Mas você é uma pessoa única e individual. O seu valor não pode ser medido em comparação a *ninguém*, afinal, *não há mais ninguém que seja exatamente como você*. Em outras palavras, você é inestimável e incomparável. Como você pode considerar que vale menos do que qualquer outra pessoa?

Por vários anos, tenho dito a ouvintes em todo o mundo que, se eles querem viver uma vida mais saudável, mais feliz e mais produtiva, devem aprender a manter a calma. Para conseguir isso, há duas coisas que eu recomendo. Conheço uma senhora que ensina isso melhor do que qualquer outra pessoa. Ela não está ligada à nossa empresa e eu não recebo nenhuma compensação material por recomendá-la. Menciono isso porque ela é muito boa e eu encorajo você a aproveitar os serviços dela. Visite www.calmconfidence.com.

E, em segundo lugar, em seu clássico *Você é aquilo que você pensa*, James Allen dedicou o último capítulo à serenidade. Eu o encorajo a copiar esse capítulo à mão, carregá-lo com você e lê-lo duas vezes por dia – logo depois de acordar e pouco antes de ir dormir:

SERENIDADE

A tranquilidade da mente é uma das belas joias da sabedoria. É o resultado de um longo e paciente esforço de autocontrole. Sua presença é uma indicação de experiência madura e de um conhecimento fora do comum das leis e operações do pensamento.

O indivíduo se torna calmo quando se entende como um ser que evolui pelo pensamento, pois esse conhecimento precisa do entendimento dos outros como resultados do pensamento, e à medida que ele desenvolve um entendimento correto e vê cada vez mais claramente as relações internas das coisas pela ação da causa e efeito, deixa de se inquietar, de se enfurecer, de se preocupar e afligir, e permanece equilibrado, firme, sereno.

A pessoa calma, tendo aprendido a se governar, sabe se adaptar aos outros; e eles, por sua vez, reverenciam a força espiritual dela e entendem que podem aprender com ela e confiar nela. Quanto mais serena se torna uma pessoa, maior é seu sucesso, sua influência, seu poder para o bem. Até mesmo o comerciante comum verá a prosperidade de seus negócios aumentar à medida que desenvolver mais autocontrole e equanimidade, pois as pessoas sempre preferirão negociar com alguém cuja conduta é fortemente equânime.

O indivíduo forte e sereno é sempre amado e reverenciado. É como uma árvore que dá sombra em uma terra sedenta, ou uma rocha protetora no meio de uma tempestade.

Quem não ama um coração tranquilo, uma vida doce e equilibrada? Não importa se chove ou faz sol, ou quais mudanças venham para aqueles que possuem essas bênçãos, pois são sempre doces, serenos e calmos. O equilíbrio de caráter, que chamamos de serenidade, é a última lição da cultura, o fruto da alma. É precioso como a sabedoria, mais desejável que o ouro – sim, mais que o fino ouro.

Como é insignificante a simples busca por dinheiro em comparação com uma vida serena – uma vida que habita o oceano da Verdade, sob as ondas, além do alcance das tempestades, na Calma Eterna!

Quantas pessoas conhecemos que azedam a própria vida, que estragam tudo que é doce e belo com um temperamento explosivo, que destroem o próprio equilíbrio de caráter e fazem inimizades? Acaso a maioria das pessoas estraga sua vida e sua felicidade pela falta de autocontrole? Como são poucas as pessoas bem equilibradas que encontramos na vida, que têm a postura requintada característica do caráter acabado!

Sim, a humanidade surge com paixão descontrolada, é tumultuada pela tristeza desgovernada, é inflada pela ansiedade e pela dúvida. Somente o sábio, aquele cujos pensamentos são controlados e purificados, faz com que os ventos e as tempestades da alma lhe obedeçam.

Almas sacudidas pela tempestade, onde quer que estejam, sob quaisquer condições em que vivam, saibam que no oceano da vida as ilhas da Bem-Aventurança estão sorrindo, e a costa ensolarada de seu ideal aguarda sua chegada. Mantenha sua mão firme no leme do pensamento. Na barca de sua alma está o Mestre comandante reclinado; está apenas dormindo: acorde-o. Autocontrole é força; Pensamento Correto é domínio; Serenidade é poder. Diga a seu coração: "Paz, aquiete-se!".

(ALLEN, James. *Você é aquilo que você pensa*. Trad. Sandra Martha Dolinsky. Porto Alegre: Citadel, 2023. p. 75-79).

Aceitando o desafio

Pessoas diferentes definem trabalho duro de maneiras diferentes. Algumas pensam em trabalho duro apenas em termos de esforço físico, outras consideram que trabalho duro é encontrar soluções para problemas difíceis. Para mim é qualquer coisa que exija um esforço concentrado e amplie sua ideia do que é possível – ou, em outras palavras, é aquilo que desafia você.

Esse desafio pode ser físico ou mental; muitas vezes, é as duas coisas. Os desafios o tiram do conforto daquilo que você conhece, e o forçam a encontrar soluções criativas para o desconhecido. O desafio é importante: ele impede que você se torne complacente e faça o que é mais fácil – em vez do que é melhor. As massas vão pelo amplo caminho do "fácil", enquanto outros poucos perseveram ao longo do caminho para a verdadeira riqueza. Isso ocorre em parte porque, quando os desafios chegam, muitas vezes você se sente bastante sozinho. Todos os outros desistem e correm de volta para aquela ampla e fácil estrada.

Grandes desafios são frequentemente acompanhados por grandes resultados. Quanto mais esforço for necessário para escalar a sua montanha, maior será a sensação de euforia quando você colocar sua bandeira no cume. Quando se compromete a fazer o que os outros não fazem, você produz resultados que eles nunca conhecerão. Uma vez vi uma entrevista com um sobrevivente de um acidente de avião. Ele disse: "Não há maior euforia do que a alegria que você sente depois de evitar a morte certa". Grandes desafios podem produzir sentimentos semelhantes de realização. O desejo e a vontade de fazer o que parece muito difícil para os outros lhe darão acesso aos maiores tesouros da vida.

Grandes desafios exigem grande perseverança. Pergunte a si mesmo: "Quantas vezes posso ser derrubado e ainda me levantar e continuar?". Qual é o seu limite? Quando você irá desistir? Você já se impôs um cronograma para o sucesso? Se não der certo, você voltará ao que estava fazendo antes? Você imaginou o pior cenário possível, um que seja capaz de lhe dar a desculpa para não tentar novamente?

Se já, então você está dando a si mesmo uma razão para falhar. Está protegendo suas apostas em vez de dar 100%. E sabe de uma coisa? Você está certo – vai mesmo falhar. Você não pode começar com a ideia de que vai tentar por um ano e então desistir. Você tem que dar o seu máximo e determinar, na própria mente, que não há como voltar atrás. Se não der a si mesmo a possibilidade de desistir, então você simplesmente terá que seguir em frente.

A perseverança está ligada à crença de modo muito íntimo. Se você for capaz de manter a imagem de seu objetivo em sua mente e de concentrar toda a energia que possui, estará persistindo nessa crença, e ela irá acontecer. Essa crença cria a autodisciplina necessária para mantê-lo ativo na tarefa; ela irá garantir que você não vacile ou se torne apático. Imagine se decidisse perder dez quilos: toda semana, você sobe na balança e vê um progresso contínuo. Esse progresso alimenta a disciplina, aumentando a crença de que você alcançará o seu objetivo. O mesmo ocorre na área da riqueza: cada pequena conquista fornece a energia para subir ao próximo nível. À medida que você sobe cada vez mais alto, você se torna capaz de olhar para trás e ver evidências sólidas de quão longe chegou. Isso lhe dá um enorme impulso emocional para seus esforços.

Revisão do Capítulo 8

- Remova o caos de sua vida.
- Aprenda a dizer "não" ao que não é importante.
- Reduza a prática de multitarefa e concentre suas energias.
- Alterne entre ação, avaliação e descanso.
- Aprenda a pensar criticamente.
- A autoimagem é uma pressuposição aprendida sobre quem você é.
- Grandes desafios são acompanhados por grandes resultados.

Capítulo 9

Potencialize o seu amor e viva de fato

A hora de começar a andar no caminho para a riqueza é agora – neste exato minuto. Você não precisa saber de tudo, e não precisa de um plano perfeito. Todo mundo quer saber como escapar de sua própria *prisão da percepção*, todos queremos enveredar pelo caminho da liberdade. Você pode se sentir como se estivesse preso atrás de barras de aço sólidas, mas a verdade é que a porta de sua cela pessoal não está trancada – nunca esteve. Não há nada, além das correntes em sua própria mente, que o prende aos resultados que teve e que está tendo atualmente. Você está completamente livre para escolher um caminho novo e emocionante.

Assim que começar a criar o seu próprio fluxo de renda e permitir que o dinheiro flua através de sua vida, você descobrirá que pode aumentar esse fluxo obtendo ajuda de outras pessoas. À medida que se concentra em seus pontos fortes e prioriza suas tarefas, convém delegar aquelas que os outros podem executar melhor do que você. Imagine que você tem uma bolota para plantar. Essa semente é plantada e toda a energia dela é colocada na produção de uma árvore. Não importa o quão grande ou bonita essa árvore possa ser, ela poderá se tornar apenas uma árvore. No entanto, se sua árvore produz bolotas e cada uma delas se torna outra árvore, você logo tem uma floresta inteira. Todas essas outras bolotas são pessoas que podem ajudá-lo a ficar rico. Podem ser assistentes, contadores, advogados, web designers ou qualquer uma das centenas de outras pessoas. Elas permitem que você potencialize exponencialmente o seu tempo.

A sua equipe de riqueza

Todos ao seu redor têm um conjunto específico de conhecimentos. Tudo isso pode ajudá-lo a alcançar os seus objetivos. Criar confiança por meio de relacionamentos permite que você obtenha acesso ao conhecimento deles e produza um acordo mutuamente benéfico. A maioria dos pequenos empresários começa fazendo a maior parte do trabalho sozinhos. À medida que crescem, eles geralmente contratam o serviço de pessoas terceirizadas para ajudar com as tarefas mais banais, permitindo que comprem os serviços exatos de que precisam sem assumir a responsabilidade pelos funcionários. Esse é o início da criação de sua equipe de riqueza.

Indivíduos ricos já sabem há muito tempo sobre o poderoso conceito de potencializar o tempo de outras pessoas. Todos eles aplicaram e usaram esse princípio para ganhar a própria riqueza. Isso não quer dizer que você tenha que se aproveitar de alguém; em vez disso, você estabelece um relacionamento que beneficia ambos os lados. À medida que constrói sua equipe de riqueza, você encontrará pessoas que oferecem a você o tempo delas em troca de seu dinheiro ou de suas habilidades. A potencialização cria uma situação vantajosa para todos os envolvidos.

Ao possuir o seu próprio negócio, você pode usar essa potencialização. É uma adaptação, pois já não será o show de uma pessoa só; no entanto, você nunca vai aumentar ou expandir sua capacidade de ganhar dinheiro a menos que obtenha ajuda. É muito demorado construir um negócio sem utilizar-se dos recursos de outras pessoas. Você precisa do tempo e das habilidades delas. Entender a potencialização e como ela pode funcionar para você é um passo essencial a fim de entender o dinheiro e acumular riqueza.

Montar a sua equipe de riqueza significa avaliar as habilidades e os pontos fortes naturais de cada pessoa e atribuir projetos ou trabalhos que melhor se adaptem a essas habilidades naturais. Algumas pessoas solucionam problemas com sua criatividade; outras são detalhistas; e há as que podem gerenciar vários projetos ao mesmo tempo. Nem todo mundo tem as mesmas habilidades, então faz sentido colocar essas pessoas em posições que lhes permitam se destacar. Elas gostam do próprio trabalho e têm uma grande sensação de realização enquanto fazem avançar todo o negócio, o que as torna ainda mais produtivas. Esse é exatamente o tipo de potencialização que você deve entender e empregar para alcançar seus objetivos financeiros.

Comunicação

À medida que começar a trabalhar com outras pessoas, você irá perceber que um dos maiores desafios será ter uma comunicação eficaz. Você tem que transmitir seus desejos de forma eficaz, mas também tem que estar aberto ao que os outros têm a dizer. Nem todo mundo percebe que o aspecto mais importante da criação de relacionamentos com os outros – sejam eles funcionários, clientes, prestadores de serviço ou qualquer outra pessoa – começa com a escuta.

Muitas pessoas confundem ouvir com escutar e acabam não entendendo a mensagem que está sendo apresentada. Isso pode prejudicar o relacionamento, pois tende a deixar as pessoas se sentindo insignificantes e frustradas. É desnecessário dizer que isso não é bom para o seu progresso. Se você continuar a desconsiderar os pensamentos das pessoas, elas se tornarão emocionalmente distantes, e você deixará de ter a total cooperação delas e suas ideias criativas.

Ouvir exige atenção, foco e disposição para aceitar o que está sendo dito. Também exige que você esteja ciente do que NÃO está sendo dito; grande parte da comunicação é transmitida não verbalmente, por meio da linguagem corporal. Ouvir efetivamente não é uma atividade passiva. O nosso cérebro trabalha muito mais rápido do que nossa capacidade de falar, então é comum pularmos muito à frente da conversa em nossa mente e perder a oportunidade de entender completamente os sentimentos, as opiniões e as perspectivas da outra pessoa. Distrações e suposições podem interferir no que está sendo dito, então trabalhe duro para se concentrar nessa pessoa e absorver as palavras e os gestos dela.

Ouvir é realmente um presente do seu tempo, assim como a atenção que você dá ao outro. É sua obrigação responder verbal e não verbalmente à pessoa com quem está conversando. Isso a deixa saber que você está ativamente ouvindo e absorvendo o que ela diz, e que você entende o que ela está tentando comunicar. É assim que você permite que ela saiba que você valoriza o que está sendo dito, e esse ato abre o coração e a mente criativa dela, para que se comuniquem plenamente.

A habilidade de ouvir pode, e deve, ser cultivada. Listei a seguir alguns erros comuns e pontos importantes a serem aprendidos se você quiser melhorar suas habilidades de escuta.

1. Silêncio é ouro

Isso pode parecer óbvio, mas muitas pessoas são impacientes. Elas não se concentram no que está sendo dito, e sim ficam calculando a resposta e esperando por uma chance de falar. Elas só ouvem por alguns minutos antes de interromper, o que corta o fluxo de comunicação. Seja cortês e dê à outra pessoa toda a sua atenção. Evite a tendência natural de oferecer soluções imediatas ou opiniões. Apenas ouça.

2. Receba toda a mensagem

Um bom ouvinte parece interessado no que os outros estão dizendo. Você também deve estar ciente de que sua linguagem corporal é muito importante. Mantenha contato visual, permaneça parado, incline-se levemente para a outra pessoa e acene com a cabeça de vez em quando, para transmitir que entende os pontos que ela defende.

3. Repita tópicos ou faça perguntas

Ouça atentamente, e quando a outra pessoa fizer uma pausa, esse é um bom momento para verificar o que você acha que ouviu ou fazer perguntas para elucidar qualquer coisa que não tenha entendido. Você pode fazer isso parafraseando o que ouviu. Pergunte se está correto. Isso dá à pessoa a oportunidade de elucidar qualquer coisa que você entendeu mal. Também permite que ela ouça como a mensagem dela soa da sua perspectiva.

4. Esteja ciente das barreiras físicas

É muito importante estar ao nível dos olhos da pessoa que fala, se possível. Não permita que elas fiquem de pé enquanto você está sentado ou o contrário. Se estiver em uma escrivaninha, mude para algumas cadeiras confortáveis, para que o móvel não seja uma aparente barreira entre vocês. Isso tornará a conversa mais aberta e honesta.

5. Respeite a pessoa

Não importa a mensagem, algumas conversas não devem ser públicas, sobretudo se envolverem críticas ou questões pessoais. Certifique-se de respeitar as informações privadas de cada pessoa e de resguardar cuidadosamente o que ele ou ela lhe disse em particular. Isso irá ajudá-la a confiar em você e a se sentir mais à vontade, porque ela sabe que você a respeita como pessoa.

6. Respeite os sentimentos

Mesmo que você não concorde com o que a pessoa está tentando lhe dizer, evite declarações ou palavras defensivas. Você deve aceitar o que está sendo dito sem argumentos. Mais tarde, você pode ter tempo para rever o que foi dito e formular uma resposta. Como um bom ouvinte, permita que a pessoa tenha tempo e espaço para expressar plenamente os próprios sentimentos. Por mais que discorde, isso não significa que os sentimentos dela não sejam reais ou válidos. Descartar ou invalidar esses sentimentos esmaga o espírito dela e cria animosidade, isso em nada irá ajudá-lo a alcançar seus objetivos.

7. Mostre agradecimento

Agradeça à pessoa por compartilhar seus pensamentos e sentimentos. Seja autêntico. É preciso muita coragem para falar e ser ouvido – especialmente se ela estiver apontando algo que precisa ser melhorado. A comunicação honesta cria confiança e incentiva um maior diálogo.

8. Oportunidade de crescimento

Feedback e opiniões de outras pessoas são uma oportunidade de crescimento. Eles devem ser encarados com mente aberta. Por esse motivo, é importante avaliar todos os pontos levantados, não apenas aqueles com os quais você concorda. Nunca esteja ocupado demais para ouvir a opinião ou o ponto de vista de outra pessoa.

Tornar-se um bom ouvinte demanda tempo e esforço. Mas à medida que você melhora essas habilidades, sua paciência será recompensada. À medida que se torna um ouvinte mais eficaz, você pode se surpreender ao descobrir que as pessoas irão procurá-lo para compartilhar os próprios pensamentos e sentimentos. Você também irá notar que está envolvido em menos conflitos e ficará conhecido como uma pessoa honesta e confiável. A escuta atenta é uma habilidade única, que as pessoas respeitam e admiram.

O outro lado da escuta é a capacidade de transmitir seus próprios pensamentos e desejos de maneira eficaz. Assim como ouvir, falar de modo que seja facilmente compreendido não é tão simples quanto parece. A comunicação verbal exige que você coloque seus pensamentos na forma de informações objetivas, que podem ser facilmente absorvidas. Histórias prolixas demais e falas que, no fundo, não dizem nada podem fazer com que o ouvinte fique cansado, perca o interesse e mude o foco, resultando em uma falha de comunicação.

Também pode haver momentos em que você se abstém de se expressar por causa da insegurança ou do medo. Isso é muito comum, especialmente se está começando um novo negócio ou trabalhando em uma área nova. Conheço muitas pessoas que parecem ficar mudas quando se encontram com seu contador. Elas não estão tão familiarizadas com as leis tributárias e acabam com receio de fazer perguntas pelo medo de mostrar sua ignorância. Uma comunicação eficaz significa encontrar a coragem de falar – mesmo que você possa parecer tolo ou repetir informações que o ouvinte já saiba. Já ouviu o ditado "não existem perguntas idiotas"? Ele é real! Ao permanecer em silêncio, você nega a si mesmo a oportunidade de aprender e de crescer.

Os relacionamentos são um equilíbrio cuidadoso entre falar de modo eficaz e ouvir plenamente. Quando a comunicação é baseada em honestidade, respeito e boas intenções, cada pessoa se sente aceita e valorizada. Boas habilidades de comunicação permitem que você resolva conflitos e compartilhe realizações. Como resultado, as suas relações profissionais e pessoais serão nutridas e aprimoradas.

Fazendo as pazes

Sempre haverá momentos em que os relacionamentos estão, de algum modo, tensos. Isso pode acontecer com clientes, fregueses, funcionários ou fornecedores. Se esses problemas não forem tratados com rapidez e eficácia, podem se transformar em uma montanha aparentemente intransponível. Digo "aparentemente" porque é fácil presumir que um relacionamento não tenha conserto, mas isso raramente é o caso. Na maioria das vezes, a questão original é bastante pequena – o verdadeiro problema está em como ela foi tratada, e é isso que cria uma grande quantidade de emoções negativas. São essas emoções que devem ser dissipadas antes que a relação possa avançar.

Pense no cliente que tem uma reclamação. Ele envia um e-mail, redigido com cortesia, para solicitar ajuda. Você não responde. Ele envia um e-mail novamente, e eleva o tom da comunicação; insiste em receber uma resposta. Se ele ainda não ficou satisfeito, pode começar a ligar. Não importa quais sejam suas intenções, o silêncio ou a falta de resposta são interpretados como falta de respeito ou descaso. De repente, você recebe uma carta do advogado dele. Esse é exatamente o caminho que muitas pequenas questões percorrem até atingirem o tamanho de batalhas absurdas. Por isso é tão importante prestar atenção!

A prevenção é o melhor caminho para fazer as pazes. Ao tornar prioridade a resolução de pequenos problemas, os seus clientes e fornecedores permanecerão felizes, e seus relacionamentos com eles, saudáveis. Na verdade, a sua capacidade de responder rapidamente aos problemas irá gerar uma reputação de responsabilidade, e mais pessoas vão querer trabalhar com você e procurá-lo.

É importante entender que o problema subjacente não é o problema original que o cliente ou o fornecedor levantou. O verdadeiro problema é a emoção que essa pessoa anexou às suas ações ou à falta de ação. Com o passar do tempo, a questão original não aumenta. Continua a ser o que era desde o início. No entanto, a emoção ligada a ela cresce com base em quão satisfeitos eles estão com a sua resposta. A emoção pode criar ou destruir relacionamentos, porque as emoções afetam a percepção dos envolvidos – incluindo até mesmo a sua. Talvez seja você quem fique chateado em vez do cliente ou fornecedor, e, com a mesma facilidade, suas emoções podem crescer graças a uma quantidade mínima de provocação.

Quando você tem um relacionamento que se move para um terreno instável, há várias coisas que pode fazer para trazê-lo de volta à estabilidade. Primeiro, tente avaliar a situação objetivamente. Isso significa determinar quanto do problema envolve questões reais e quanto envolve emoções. Essas duas áreas são tratadas de modo diferente. Normalmente, você descobrirá que a questão original é apenas algo entre 10% e 20% do conflito, e o resto é emoção.

Ao lidar com emoções, sejam suas ou de outra pessoa, é importante entender que todos nós temos gatilhos diferentes. Muitas vezes, esses gatilhos vêm de experiências ou crenças que formamos em nossa própria mente. Isso produz diferenças nos níveis de expectativa – muitas vezes essa é origem de um mal-entendido.

Não importa qual seja a natureza exata dessas crenças, esse não é o momento de avaliar de quem é a culpa. O mais importante é que o relacionamento seja reparado. Para que isso aconteça, você tem que estar disposto a dar o primeiro passo. Talvez seja difícil, podemos ser orgulhosos e teimosos – especialmente se acharmos que estamos "certos". Se você se sentir injustiçado, pode ser difícil se envolver com essa pessoa novamente.

Mas também pode ser muito satisfatório fazer esse primeiro movimento, mesmo quando você acredita no fundo do seu coração que em nenhum momento fez nada de errado. É provável que a outra pessoa acredite que também não fez nada de errado, então se ninguém agir primeiro para reparar o relacionamento, ele simplesmente irá se desintegrar. A partir daí, o evento se torna uma abertura na fuselagem, reforçando as emoções cada vez que se pensa nele.

No ambiente de negócios não se dedica muito tempo ou muita atenção à ideia de perdão. Isso é realmente uma pena, porque ela é muito importante. Para muitos, o "modo *business*" é sinônimo de ser frio e calculista. O que é ridículo e está longe de ser verdade; além do mais, é impossível, não importa o quanto você tente! Somos humanos; por esse simples fato, somos criaturas emocionais. Tentar ligar ou desligar essas emoções faz de você um comunicador ineficaz; você prejudica a sua capacidade de criar uma mentalidade próspera ao fazer isso.

Quando tem uma experiência ruim, você pode se ater à emoção associada a ela, talvez até repetir o cenário em sua cabeça. Ao fazer isso, cria novas crenças negativas para si mesmo. Como já discutimos, as crenças são poderosas e afetam você por muito tempo. Você também está se concentrando no evento e, logo, atraindo eventos semelhantes por meio da *lei da atração*. A única maneira de parar esse processo é praticar o perdão e deixar a emoção de lado. Perdão não é justificar o comportamento de alguém que o prejudicou, nem trair algum de seus princípios; simplesmente significa que você está se permitindo avançar emocionalmente em uma direção positiva.

As coisas vão dar errado. Vamos dizer coisas das quais nos arrependemos ou agir sem considerar como nossas ações irão afetar os outros, mesmo sem querer. E cometeremos erros sem ter a intenção de fazê-los. Você não pode abordar os negócios ou a vida com uma mentalidade de tudo ou nada, nem levar alguns problemas a sério demais. Mantenha seu coração aberto e perdoe indiscrições e erros.

Acredito muito em segundas chances. Houve muitas ocasiões em que me deram uma segunda chance, e achei muito prudente fazer o mesmo por outras pessoas. É bastante comum que aqueles que cometeram um erro ou deram um passo em falso tenham um vínculo ainda mais estreito com você se tiverem a chance de fazer as coisas do jeito certo.

Gosto da analogia de que a maioria dos problemas é como um iceberg. Talvez 5% deles sejam questões reais. Os outros 95% são a sua própria percepção. Mas esses 95% estão sujeitos ao seu controle consciente. Você pode alimentar seus problemas com medo e transformá-los em ameaças avassaladoras, ou pode encolhê-los dando um passo para trás e ampliando a perspectiva. Quando infla artificialmente seus problemas, você reduz sua capacidade de resolvê-los. Ampliar sua perspectiva permite que você reduza os problemas em sua mente. Eles logo se tornam relativamente fáceis de resolver ou de se aceitar.

Esse pode ser um bom momento para conversar com um mentor ou conselheiro de confiança. Uma terceira pessoa raramente terá um apego emocional à situação e pode ajudá-lo a mudar sua própria perspectiva.

Um coração grato

Uma mentalidade próspera é impossível sem gratidão, e gratidão é impossível sem uma mentalidade próspera – não importa qual seja o seu saldo bancário. A gratidão está ligada à sua mentalidade e à sua percepção da vida. Aqueles que desenvolveram e cultivaram uma mentalidade próspera sabem que existem estágios de gratidão, e que eles se aprofundam com o tempo.

Somos ensinados, quando crianças, a sermos gratos — a sermos educados e a agradecer por presentes e gestos. Mas, para a maioria das crianças, essa gratidão é superficial. Só na idade adulta é que sentimos o estágio básico da verdadeira gratidão. Por quê? Porque é só quando você está sozinho que percebe os sacrifícios feitos pelos outros para que você chegasse onde está. Você percebe que eles lhe deram mais do que você poderia retribuir, em palavras ou ações, e é aí que experimentamos a emoção da verdadeira gratidão pela primeira vez.

Essa emoção lhe dá uma sensação de riqueza. Ela é profunda e sincera, mas ainda está nos estágios iniciais. Você é grato pelo que recebeu dos outros, mas ainda não tem a emoção profunda de ser verdadeiramente grato por todas as coisas. Já ouvi muita gente dizer que, para criar riqueza, é preciso agradecer. É verdade. Mas a gratidão deve ser profunda e emocional para atrair essa riqueza. Gratidão da boca para fora não fornece a energia ou a vibração necessárias a fim de atrair riqueza.

Muitas vezes, já vi pessoas fazerem listas de coisas pelas quais são gratas: seus negócios, suas posses ou as pessoas ao seu redor. Elas leem suas listas todos os dias e expressam sua gratidão. Essa é uma boa prática, mas pode ser ineficaz se a lista não for lida acompanhada de emoção. Isso é principalmente verdadeiro se essa pessoa na verdade está se sentindo acomodada ou negativa com suas circunstâncias.

Você não pode usar listas de coisas pelas quais é grato como uma tentativa de convencer o universo a entregar riqueza à sua porta. Você tem que se envolver emocionalmente para que isso aconteça. Se a sua gratidão depende das circunstâncias, ela será temporária, na melhor das hipóteses. Qualquer encontro ou evento adverso irá removê-la completamente de seus pensamentos.

Desenvolver um profundo e permanente sentimento de gratidão separado de qualquer circunstância ou situação é a única maneira de atrair riqueza. Esse tipo de gratidão é por coisas como a vida e a criação como um todo. Ele engloba tudo o que você pode experimentar, de bom ou ruim. Quando tem um sentimento de gratidão profundo e emocional, você percebe cada evento como uma oportunidade de crescimento, e isso irá aumentar a sua capacidade de atrair riqueza. Esse tipo de gratidão não é uma atividade temporária. Ele fica embutido no seu subconsciente, faz parte de quem você é e de como você funciona.

Se sua gratidão depende das coisas da vida que são materiais e passageiras – como seus bens, seus negócios ou sua renda –, a sua mentalidade não muda. Mas quando está centrada no que é permanente e sempre presente, ela se torna uma parte permanente e sempre presente *de você*. A maneira mais fácil de reconhecer essa mudança é perceber como você expressa sua gratidão. Em vez de listar as coisas pelas quais é grato, você escreve uma frase na sua lista: "Sou grato". Você não é grato por *nada* em particular, você é simplesmente grato por *tudo*, ponto-final.

Para manifestar essa gratidão em sua vida, você tem que praticar. Pratique escolhendo coisas que não dependam das circunstâncias e diga em voz alta: "Sou grato pelo potencial ilimitado que está dentro de mim". Ao fazer isso, você irá mover essa gratidão para um estágio mais profundo e incondicional.

Quando você está vivendo a vida rica com a qual sonha, essa gratidão incondicional é o que você experimenta. Ao praticá-la agora, você está atraindo as circunstâncias que criarão essa vida.

A sua riqueza o espera

A maneira de dar início é começar a fazer. – **Walt Disney**

Nas páginas deste livro, falei sobre as ações, pensamentos e qualidades possuídas por pessoas que estabeleceram suas mentalidades prósperas. Tenho certeza de que, a essa altura, você entende por que criar riqueza não se trata de dinheiro, trata-se de como você pensa e o que cria com esses pensamentos. Agora é hora de implementar essas técnicas em sua própria vida.

Ao praticar e desenvolver as ideias e técnicas que apresentei, você estará bem encaminhado para uma vida nova e gloriosa. Um dia, ao olhar para os acontecimentos da vida, você entenderá que tinha o poder de criar riqueza dentro de você o tempo todo. Você saberá que suas realizações vieram de uma pequena semente de crença que agora permeia sua vida.

Eu o encorajo a abraçar a sua própria singularidade e a manifestar a verdadeira riqueza em sua vida hoje. Tome a decisão – e depois entre no bote e reme!

Revisão do Capítulo 9

- Você é totalmente livre para escolher um caminho novo e emocionante.
- Criar relacionamentos é fundamental para criar riqueza.
- A prevenção é o melhor caminho para fazer as pazes.
- Pratique o perdão e deixe de lado a emoção.
- Ampliar sua perspectiva permite que você reduza o tamanho dos problemas.
- Pratique a gratidão incondicional.